晚清「中體西用」思想論（1861－1900）

官定意識型態的西化理論

謹獻給我的雙親

目錄

自序

晚清「中體西用」思想是中國近代思想史上相當重要的思潮，尤其在處理中西文化問題上，「中體西用」更是常被提及的思考型態。但是到底「中體」是什麼？「西用」又是什麼？兩個本來不相干，又如何組合成一個思想主張？而「中體西用」思想系統接納西方近代文化又能到哪個程度，是如持肯定意見的先生所謂能開展出民主憲政呢？抑是如持反對意見的先生所謂「牛體馬用」，既在邏輯上不能成立，在現實上也隨著清代洋務運動的失敗而破產呢？在既有著作無法解決前述的問題時，筆者不辭淺陋地出版這本『晚清「中體西用」思想論（一八六一～一九〇〇）』，希望能初步從思想史的角度來解析這些問題。

這本書原名『晚清「中體西用」思想研究（一八六一～一九〇〇）』，是筆者在論文口試以後，參照口試老師們的意見刪訂的研究成果。正如前面所點出的一些問題點所暗示的，這本著作絕不是無意識的歷史著作，而是帶有濃厚的由問題意識及實踐意識而來的歷史意識：由對現實中西文化問題關心和對民主政治的文化環境的思索，筆者選擇了這個思想史題目做爲研究的主題。

經過初步閱讀史料，發現「中體西用」思想的成立，與晚清自強運動密切相關，遂以自強運動推動之年（一八六一）爲時間斷限的起點，又以庚子（一九〇〇）以後清廷有一連串的改革措施，思想界也有巨大的轉變，爲避免問題過份龐雜，故以一九〇〇年爲時間斷限的終點。

在本文寫作期間，承蒙李守孔、李永熾二位指導教授的悉心指導，尤其是守孔師在中文史料方面；永熾師在日文史料以及論文結構、論證和結論方面，提供了許多寶貴的意見，使筆者受益良多。而張玉法、王樹槐、黃進興三位老師在論文口試時提出的批評，也使本書減少了許多疏漏之處；另外，李威熊、林能士、艾爾曼（B. A. Elman）、王家儉、蘇雲峰諸位師長，也提供了許多寶貴的建議；並承徐泓教授借閱『明實錄』索引的未刊稿，特誌謝忱。

劉靜貞、翁佳音、韓嘉玲、陳美美、孫善豪、王正芬、蔡幸娟諸友代爲翻譯部份原文；林慧美小姐和許雪姬、賴惠敏、沈松僑諸學長在資料蒐集過程中，給予了許多協助；楊建國、張立明、林少予、周志宏、劉季倫、殷人珏、汪秀卿、廖美蘭、王瑋、黃秀如以及沈淑莉等夜史系諸友幫助繕寫，校對工作。在此，對以上諸友的誠意幫助，深致謝意。當然，這本書得以正式出版，還必須感謝弘文館出版社的協助。

最後，謹向閱讀本書的朋友提供一些建議：由於牽涉到理學的理論，本書第一章一、二節文字較爲難讀，對「道器」論、「體用」論之演進若無太大興趣，可在看完「導論」以後，直接進入第一章第三節；又因爲顧及本文的結構與完整性，許多重要的資料和論述不得不放在註釋中（如第一章第一節（註六二）對「體制教學」的描述；第二章第四節（註一七四）對鄭觀應主張引進的西方法律制度可能對「中體」構成挑戰的討論），因此若時間許可，不要只看本文而略過註釋。

薛化元

一九八六年十一月二十五日於一缺齋

修訂版序

碩士論文出版迄今已經四年多，不過，當李明仁兄來電說委託稻鄉經銷的書剩下個位數，需要再版時，還是讓我意外了一下。也就是這個意外，使我能有機會處理在初版時因爲忙亂而不及修正的一些錯誤，以及對當時出力助成這本書出版的朋友表示謝意。

本來碩士論文口試後，依據口試老師們的意見，進行一些修正，便把論文交給弘文舘出版社出版。但是，在打字稿三校送印刷廠以後，弘文舘這一部門的負責先生離職，公司不能立刻出版這本書。由於當時博士班報名在即，我手頭上又已經沒有碩士論文修正的打字定稿，十分著急。幸好明仁兄如同介紹這本書給弘文舘出版一樣熱心，陪我跑印刷廠，幫我聯絡裝訂廠，最後並在我阮囊羞澀之際，代我先墊了出版費，這本書才歷經一波三折後出版。而後，我便把成書委託給明仁兄的稻鄉出版社經銷，說起來，修訂版交給稻鄉出版社出版，也可以算是實至名歸吧！

這一次的修訂，有關原版打字錯誤的部份，感謝吾友潘光哲代爲校閱，使我在趕博士論文之時，還有餘力加以修正。同時，我也把發表在『當代』的「『中體西用』理論能開出自由民主嗎？」，收入本書，希望藉此呈現囿於原本論文的結構，而不適合在論文中討論有關「中體西用」理論的一些問題。並藉此機會給本書加了一個副標——官定意識型態的西化理論。最後，特別對明仁兄五年多來協助本書的出版，表示謝忱。

薛化元

一九九一年八月十五日於中和

導論

在鴉片戰爭中，英國以船堅礮利爲手段，強迫性地打開中國閉鎖的門戶，是中國歷史上一個重要的轉捩點，自此而後，中外的關係乃進入所謂的「條約體系」（treaty system）時代（註一）。在西方強迫「開港」以後，隨之而來的，則是「領事裁判權」、「協定關稅」、「租界」、「片面最惠國待遇」等不平等條約的規定。而本文所探討的主題——晚淸「中體西用」思想——便是在此一歷史背景下逐漸開展的。

受到鴉片戰爭中國戰敗的刺激，魏源寫成了『海國圖志』和『聖武記』（註二），在前者中他明白地提出「師夷之長技以制夷」的思想（註三）。但是，不管魏源的熱忱如何，在『海國圖志』發刊之初，幾乎被當時一般的讀書人所忽略，而在「十餘年之後」，才以太平天國之亂（一八五〇—一八六四）及亞羅船事件（一八五八）的發生爲契機而受到重視（註四）。在咸豐十一年（一八六一）開始推動的自強運動中，「師夷之長技以制夷」的觀念更成爲運動的重要理念（註五）。不過，無論是自強運動的主要推動者曾國藩、李鴻章，或是在咸豐十一年（一八六一）完成『校邠廬抗議』的馮桂芬，他們固然同意魏源「師夷之長技以制夷」的看法，但是都已經認識到西方的長技背後有其理論（西學）存在，因此爲了「師夷之長技」，便進一步主張「采西學」。而他們最早主張採用的西學，多是與船堅礮利有密切關係的自然科學，如算學、格致學……

等等。隨後由於認識到船堅礮利並非西方富強的唯一因素，商業、工業、法律、議會也是導致西方富強的重要原因，因此鄭觀應等人便主張更廣泛地採用西學，從算學、格致學等自然科學的學習，擴及於商學、法學等諸學科及政制層面。

在另一方面，與西學一樣被稱之爲學的中學，在學的概念上及內容上，與西學似有相當的歧異。顧炎武在「答友人論學書」中，便對「學」的概念和內容有所說明：（註六）

「竊以爲聖人之道，下學上達之方，其行在孝弟忠信，其職在灑掃、應對、進退，其文在詩、書、三禮、周易、春秋，其用之身在出處、辭受、取與，其施之天下，在政令、教化、刑法，其所著之書，皆以爲撥亂反正，移風易俗，以馴乎治平之用，而無益者不談」

這並非顧炎武一己之見而已，被視爲官定朱子學理念主要創發者的朱熹，也有類似的意見。朱熹認爲，學主要是學「父子有親，君臣有義，夫婦有別，長幼有序，朋友有信」（五教）而已（註七）。他並明確地對「學」的輕重緩急加以說明，認爲「不窮天理，明人倫，講聖旨，通世故，乃兀然存心於一草一木器用之間，此何學問」（註八）。換句話說，朱熹以爲「學」的著重點，當在於「五教」或是窮天理、明人倫、講聖旨、通世故。而由於朱熹及其學派的四書、五經注，到了元延祐二年（一三一五）成爲科擧之書，至明永樂十二年（一四一四）又有『五經大全』、『四書大全』的編纂，朱子學成爲地位崇高的官學（註九），其地位更延續到清朝。因此，藉著朱熹對學的探討，當有助於對中學（尤其是官學系統）的把握。

基本上，誠如高田眞治所指出的，「儒教之學的意義，乃是兼有知與行二義，非謂單指以眞理爲眞理而認識，或指學術探求之事之學」，而學與修德之間有十分密切的關係，「以學爲修德之事，以修德爲爲學之內容，則仁義道德、聖人君子卽爲學之實質內容」（註一〇）。這與帶有濃厚科學（science）意味與爲學術而學術的西學，有相當大的不同。

而在晚清最早用文字將中學與西學以「體用」論的形式加以關聯，提出「中學爲體，西學爲用」（中體西用乃其省略語）主張的，可能是甲午戰後的孫家鼐（註一一）。孫氏認爲：（註一二）

> 「中國五千年來，神聖相繼，政教昌明，決不能如日本之捨己芸人，盡棄其學而學西法。……應以中學爲主，西學爲輔，中學爲體，西學爲用；中國有未備者，以西學補之，中學失其傳者，以西學還之，以中學包羅西學，不能以西學淩駕中學」

在此可以發現，他除了另外點出「主輔」說的「中體西用」論外，重要的是他提出了「中學其失傳者，以西學還之」的說法，在實際的內涵上，他指出，「中國以禮教爲建邦之本，綱常名教，萬古常新」，這就是「體」；「而因時制宜，一切格致之書，專門之學，則又宜博采泰西所長，以翊成富強之業」，這便是「用」（註一三）。由此發現，所謂的西學爲用，乃指於「用」的範疇內採用西學，而此一西學，事實上，包括「西學」與「西技」兩個層次。另外，在討論大學堂採用經籍時，他強調應「以列聖所欽定者爲定本」（註一四），表現對官學體制的支持。由此大致透露了其「中學」所依歸和西學的內容。

「中學爲體，西學爲用」一詞的提出雖是在甲午戰後，不過類似的主張在其前便已經提出過，如鄭觀應便曾清楚地主張「主以中學，輔以西學」，並認爲中學與西學「合而言之」時，「中學其本，西學其末」（註一五）。因此，目前中國近代思想史的研究成果中，多認爲「中體西用」思想是晚清思想界普遍的見解（註一六），在晚清思想脈絡裡，代表著中國傳統士大夫對西方文化進一步的認識（註一七）。

由於晚清「中體西用」思想在中國近代思想史脈絡的重要性，目前的研究成果甚多，張之洞、馮桂芬、鄭觀應、王韜諸人都已有專篇的碩士論文。但就對晚清「中體西用」思想作一整性研究而言，除了閔斗基的「中體西用論考」（註一八）和王爾敏的「清季知識分子的中體西用論」（註一九）與孫廣德的「調和傳統與西化的中體西用說」（註二〇），以及湯其學「『中學爲體，西學爲用』思想的演變」（註二一）、陳旭麓「論『中體西用』」（註二二）、皮明庥「『中體西用』論平議」（註二三）等綜合性中、短篇論文之外，作品並不多。因此，以前人的研究成果爲基礎作一綜合性的研究，仍有必要。其中湯其學、陳旭麓、皮明庥三人的作品是中國大陸最近的研究成果，對於「中體西用」思想的構成要件和思想的歷史定位問題都有頗具突破性之處，不過或許囿於政治教條對學術研究的限制，過份強調「中體西用」思想的所謂階級特性，在討論「中體西用」思想的歷史性質時，有教條導引結論之嫌。而王爾敏對「中體西用」思想的研究，資料的徵引較前面三人的論文詳盡，將晚清「中體西用」思想所包羅的「道器」論、「本末」論等史料一一列舉，並簡單地加以說明，同時也強調此一觀念乃晚清新式教育推展的思想動力。然而，由於王氏在中國近代思想史的研究上，本來就近於「觀念史」（history of ideas）的立場，因此對於「思想史」（intellectual history）所著重的思想與歷史環境之「互動」（interaction）關係，就顯得不足（註二四）。同時，就「觀念史」的立場而言，王文對於「中體西用」的界定與發展，也欠缺「內在理路」（inner logic）的分析。至於閔斗基的「中體西用論考」一文，則是既有成果中對「中體西用」思想討論較具份量的，不論是在研究史方面，或在「中體西用」與日本「東道西藝」的比較方面，都能補國內相關論文的不足。而前述諸篇研究成果對於「中體西用」思想形成的「內在理路」，都欠缺足夠的分析，同時彼此之間對「中體西用」思想的界定，也相當歧異。

因此，以孫家鼐的「中體西用」思想爲基礎，透過對「體用」論以及一般歸入「中體西用」論重要形式的「道器」論作一歷史性的溯源和討論便有其重要性。所以在第一章中先討論晚清「中體西用」思想的淵源，包括「道器」論、「體用」論，以及在官定朱子學系統中二者的關聯，和它們與「中體西用」論思考的關係。

甲午戰爭以後，康、梁變法思想勃興，影響到「中體西用」論的評價與定位，故以此爲斷限，將「中體西用」思想分爲兩章，第二章中先簡單討論「中體西用」論的成立歷史背景和「經世」思想的特色與「中體西用」思想的關係，其次則討論「中體西用」論的成立，以及此一思想在何時出現。「中體西用」思想成立後，一般認爲它沿著兩條主線發展、變化，一條是洋務派官僚思想的發展；一條則是非洋務派主流的「中體西用」論者思想（註二五）。因此接著討論曾國藩、李鴻章、薛福成、郭嵩燾、馬建忠等洋務派官僚（包括與其關係密切者）的思想，而後再討論非洋務派主流的「中體西用」思想，並將長年留居海外的王韜獨立爲一，最後討論鄭觀應、陳熾、湯震的思想。

第三章中則以一般人所習知的「中體西用」論者張之洞的思想作爲主題，先討論在「勸學篇」之前張之洞思想的演變和發展，其次分析「中體西用」思想代表作「勸學篇」的思想架構及其產生的時代背景，並論及當時的『翼教叢編』派「中體西用」思想，以探求「勸學篇」的歷史意義，最後再對張之洞的「中體西用」思想作一通盤的討論。

在大致討論晚清「中體西用」思想的源流、發展與結構以後，接著則淺介與「中體西用」年代相近、結構相似的日本「東道西藝」思想，作爲評估「中體西用」思想的參考。然後再介紹各家對「中體西用」思想的批評，並從理論架構來探討其思想的「眞值」（註二六）。第三節則將「中體西用」思想置於歷史時空的脈絡中，作一歷史的定位，並且簡單討論它的「實際功效」（practical effectiveness）（註二七）。最後，再就全文作一總結。

至於從事此一研究主要參照的方法，是曼海姆（K. Mannheim）的知識社會學，尤其是「關聯論」（relationism）（註二八）。由於它的啓示，注意到歷史的「存在拘束性」，而將不同時期的「中體西用」思想對照不同的時空條件，予以不同的評價（註二九）。同時，從曼海姆的知識社會學觀點來看，「否定一個觀念的眞值」與「確定一個觀念的功能」是有所區別的。如果是懷疑或否定一個觀念的眞值時，仍然是將此觀念視爲「題旨」（thesis），與此觀念立於同一理論基礎之上從事探討；反過來說如果不管此觀念所斷言的是否爲眞，而只注意此觀念所履行的理論性功能，則是一種「揭露」或「揭穿」的工作，此一工作乃在摧毀觀念的實際功效，而不是理論的駁斥（註三〇）。對本論文而言，既是歷史研究，自然不可放棄探討時空條件下的歷史意義；同時既是研究晚清「中體西用」思想，對思想眞値的探討，也是理所當然的。

在另一方面，整篇論文的開展則是以清代「體制教學」（尤其是官定朱子學）作爲基礎，以「內在理路」的分析方式，界定「中體西用」思想，並說明其思想的傳承。同時，另以外緣歷史環境作爲背景，說明外緣條件的演變與「中體西用」思想發展的關係。

在史料處理方面，面對著浩瀚的資料，本文以思想的「意欲實踐性」作爲主要的考慮來選擇史料。因此，採納西用的主張較諸對西用的認識、奏摺的內容與印行的書籍較諸朋友間的議論，在史料選取上乃自然較爲優位。

【註釋】

註　一：王爾敏，「近代中國知識分子應變之自覺」，『中國近代思想史論』（台北，華世出版社，民國六十六年版），頁三八三。

註　二：小野川秀美著，林明德等譯，『晚清政治思想研究』（台北，時報文化公司，民國七十一年版），頁二。

註　三：魏源，「海國圖志敍」，『海國圖志』（台北，成文出版社，民國五十六年翻印本），頁五。

註　四：小野川秀美著，前引書，頁五。

註　五：Etō Shinkichi, "On Roles of Yang-wu-p'ai", Acta Asiatica No.12（Tokyo, 1974）, p. 2。

註　六：顧炎武，「答友人論學書」，『亭林文集』（四部叢刊正編本），卷六，頁一三八。

註　七：朱熹，「白鹿洞揭示」，『朱文公文集』（四部叢刊正編本），卷七四，頁一三六六。

註　八：朱熹，「答陳齊仲」，同上引書，卷三九，頁六四五。

註　九：參見赤塚忠，「儒家思想的歷史概觀」，宇野精一主編，洪順隆譯，『中國思想之研究㈠儒家思想』（台北，幼獅文化公司，民國七十二年版），頁四八。

註一〇：高田眞治，「學の概念」，『支那思想の研究』（東京，春秋社，昭和十四年版），頁二八九、三二九。

註一一：參考鄔國義，「孫家鼐最早提出『中學爲體，西學爲用』」，『社會科學戰線』，一九八二年第二期，頁九七。

註一二：孫家鼐，「議覆開辦京師大學堂摺」，毛佩之輯，『變法自強奏議』，光緒辛丑上海書局刊本，卷四，頁一b。

註一三：孫家鼐，「管理大學堂大臣孫家鼐摺」，『戊戌變法檔案資料』，頁三二六～七，轉引自楊肅獻，『晚清的反變法思想（一八九一～一九〇〇）』（台北，台大歷史研究所碩士論文，民國六十八年），頁一四八。

註一四：孫家鼐，「奏籌辦大學堂大概情形摺」，『變法自強奏議』，卷一一，頁一三a。

註一五：鄭觀應，「西學」，『盛世危言新編』（台灣，學生書局，民國五十四年版），卷一，頁二四八。

註一六：參考余英時，『中國近代思想史上的胡適』（台北，聯經公司，民國七十三年版），頁一一。

註一七：沈松僑，『學衡派與五四時期的反新文化運動』（台北，台大歷史研究所碩士論文，民國七十二年），頁一八。

註一八：閔斗基，「中體西用論考」，『東方學志』第十八期（韓國，延世大學，一九七八年），頁一五九～二一七。

註一九：王爾敏，「清季知識分子的中體西用論」，『晚清政治思想史論』（台北，華世出版社，民國六十五年版），頁五一～七一。

註二〇：孫廣德，「調和傳統與西化的中體西用說」，『晚清傳統與西化的爭論』（台北，商務印書館，民國七十一年版），頁一六〇～一七五。

註二一：湯其學，「『中學爲體，西學爲用』思想的演變」，『復旦學報（社會科學版）』一九八二年第一期，頁六七～七四。

註二二：陳旭麓，「論『中體西用』」，『歷史研究』一九八二年第五期，頁三九～五五。

註二三：皮明庥，「『中體西用』論平議」，『江漢論壇』一九八二年十二期，頁六一～六七。

註二四：參考黃俊傑，「思想史方法論的兩個側面」，『史學方法論叢』（台北，學生書局，民國六十六年版），頁一九一～一九二。

註二五：參考湯其學，前引文，頁六七。

註二六：參考黃瑞祺編著，『意識形態的探索者——曼海姆』（台北，允晨文化公司，民國七十一年版），頁九一。

註二七：同上註。

註二八：關聯論是現代歷史過程的一個產物。這個歷史社會過程是基於如下的認識：所有的歷史思考皆密切關聯於思考者之具體生活結構（Standortsgebundenheit des Denkers）。……知識社會學之目的並非任何絕對意義的知識論，而是知識論的特定的歷史階段之型態，這個型態又是與那種被導向情境之思想型態相衡突的。事實上，知識論之與社會歷程密切契合，就正如同其作為吾人思考之整體，它會進步到可以主宰思想結構變遷中的複雜性。K. Mannheim, Ideology & Utopia, trans by L. Wirth & E. Shils（New York: Harcourt, Brace and Co, 1936），p p. 78～9。

註二九：「關聯論」並非意味著眞假對錯的標準不存在，而是思想或觀念的眞假對錯（效度）並非絕對，乃是相對於歷史社會條件的。參考黃瑞祺，前引書，頁一二七。

註三〇：黃瑞祺，前引書，頁九一。

第一章　思想淵源

一般學者在討論晚清「中體西用」思想時，並不僅限於以「體用」論之外貌出現者而已。在此一時代，「道器」、「本末」、「主輔」與「體用」一詞，各詞雖異，其意則相近。因此以上述諸詞出現者，皆統而括之（註一）。故欲考察晚清「中體西用」思想，有必要先了解體與用、道與器、本與末、主與輔之間的關係。其中本與末、主與輔之間的關係在字面上十分清楚，在此不擬贅言。

在另一方面，朱子學派對經典的注解在元、明、清成爲科舉的金科玉律。尤其明代採用朱子學派的學說所編纂的官撰註釋書——『五經大全』、『四書大全』，更成爲正統的權威（註二）。而在清朝，程朱之學（尤其是朱子學）乃是當時的官學（註三），對於「體制教學」籠罩下的讀書人有相當的影響力。故而於此，特別著重在朱熹和朱子學（註四）的思想脈絡中，來探討道與器、體與用的關係。

第一節　「道器」論之演變

在討論道與器關係之前，必須先說明：至少就程朱而言，「道器」與「理氣」的關係是十分密切的，甚至於在某種意義下，可說「理」卽「形而上之道」，而「氣」卽「形而下之器」（註五）。且「理氣」論屬朱熹的宇宙論，而「道器」論則是朱熹的人世論（註六）；宇宙論的「理氣」結構投影到人世裡面，則是人世論的「道器」結構。因此討論「朱子學」的「道器」論，勢必連帶討論「理氣」論。

「道器」思想在中國出現甚早，『周易・繫辭上傳』便有「形而上者謂之道，形而下者謂之器」的說法（註七），在孔穎達的『正義』中認爲道與器是截然分離的（註八）。而程顥在說明「器亦道，道亦器」的相卽關係之後，卻又指出只要「道」在，便「不繫今與後，己與人」（註九），似乎又賦予道超越的意義。程頤則確立形而上與形而下的界限，以理爲形而上之道，氣爲形而下之因（註一〇）。他旣認爲「一物須有一理」（註一一），又主張「一物之理卽萬物之理」（註一二），同時二程也認爲「理則天下只是一個理，故推至四海而準」（註一三），在表面上看來，好像程頤對理的看法有了矛盾。事實上，主張形成萬物根元的理是唯一共通普遍之理，而理又是形成個體的根元（註一四），正是程頤的「理一分殊」說。

在朱熹思想中理與氣的關係則有二種可能的形態。一方面，朱熹認爲理與氣是二物，但是從物上看，則二物又是「渾淪不可分開各在一處」（註一五）。就此層面而言，理與氣之間的關係是「不離」。而「天下未有無理之氣，亦未有無氣之理」，「理」「卽存乎是氣之中」，如果沒有「是氣」，則「是理」也無處可以「掛搭」（註一六）。

在另一方面，朱熹認爲「合天地而言，只是一個理」，這個「一理」就是「太極」，而「太極只是天地萬物之理」，同時萬物又「各有太極」。但是這個「理」畢竟是先於天地萬物而存在的，具有「先驗」和超越的性質（註一七）。

友枝龍太郎便指出，朱熹繼承程頤的「理一分殊」說，他的「理氣」論是「不離不雜」、「離看合看」的辯證論。對氣、事而言，理既超越它又是它的內在；從理來說，雖無超越之理與內在之理的分別，卻顯現著它的絕對性和相對性，在這種情況下，理便不得不採雙重構造了（註一八）。而在討論「理」與「氣」存在的先後關係時，朱熹主張「縱使山河大地都陷了，畢竟理只在這裡」（註一九），這也就是說具體的存有物有成有毀，但是形上的理卻是不滅的（註二〇），表明了理的超越性和絕對性。因此，在這世界理氣雖是不離，但是推究它的根源則是太極（理），而在天地生成之前，惟有理獨立存在（註二一）。在另一方面，在「理先氣後」的前提下，既然「有是理便有是氣」，便更能了解朱熹「有是理後生是氣」的「理生氣」的關係（註二二）。在另一方面，「氣」雖是「理」所生，但是「氣」卻可在「理」不變的狀況下，成爲「昏明雜駁」（註二三）。因此在朱熹的「理氣」論中，理與氣不惟有分離的可能，也有理不變而氣可變的可能（註二四）。當然，這並不意味著朱熹思想中理與氣的截然分離（註二五），而僅說明在「理先氣後」的特定前提下，由朱熹思想的開展中，便隱涵著二者分離的可能性。朱熹思想中的「道器」論與「理氣」論的關係十分密切，而道與器的關係則類似於理與氣的關係（註二六）。

基本上，在朱熹思想中的道與器乃是不離的關係，而並沒有「道器合一」的意味（註二七）。就「形而上者謂之道，形而下者謂之器」而言，「道」就是「道理」而「器」就是「形跡」，事事物物都有個「道理」，也都有個「形跡」，所以「有道須有器」，「有器」也「須有道」。

雖然事事物物都有其「理」，但是事物可見而其「理」難知，因此須要「於事物上見得這個道理」（註二八）。至於「大學之道曰窮理，而謂之格物，只是使人就實處窮竟」，而說「格物」，便是就「形而下之器」上尋「形而上之道」，由此可見「道」與「器」「元不相離」（註二九）。朱熹並就程顥的意見加以申論，認爲「器亦道，道亦器」，二者有「分別」而不「相離」（註三〇）。「道」沒有離「器」，「道」也只是「器」之「理」，「理」在「器」上，「理」與「器」之間「未嘗相離」（註三一）。

但在另一方面，朱熹的「道」也具有超越的性質，此乃因「道」與「理」乃至「道」與「太極」之間的相通。朱熹曾明言「道是太極」（註三二），而此一「形而上太極」的「道」在中國開國之先便已存在，成爲各時代聖賢的教訓「以顯其本質」（註三三），「道」的超越性在此便顯現出來，且「道」與「器」之間也有了分離的可能。

朱熹在討論萬物生成時，認爲「形而上之道」的「理」是「生物之本」，而「人物之生必稟此理，然後有性」，至於「形而下之器」的「氣」則是「生物之具」，而「人物之生必稟此氣，然後有形」（註三四）。而就萬物以「一理」爲根源的意義上來看，是平等的，但由於氣的作用，便有了差別。人雖然也和其他自然物一樣，有理貫穿著，但人稟於最優秀之氣，所以爲萬物之靈長（註三五）。而這種平等與差別的關係，不僅存在於一般人類與自然物之間，也存在於人類相互之間，於是朱熹的宇宙論便原樣的接續到人性（世）論（註三六）。朱熹在「玉山講義」中指出：（註三七）

「天之生此人，無不與之以仁義禮智之理，亦何嘗有不善，但欲生此物，必須有氣，然後此物有以聚而成質，而氣之爲物，有清濁昏明之不同，稟其淸明之氣而無物欲之累，則爲聖，稟其淸明而未純全，則未免微有物欲之累，而能克以去之則爲賢，稟其昏濁之氣，又爲物欲之所蔽，而不能去，則爲愚，爲不肖。是皆氣稟物欲之所爲，而性之善未嘗不同也。……而凡吾日用之間，所以去人欲復天理者，皆吾分內當然之事，其勢至順而無難」。

丸山眞男在討論朱熹的理時便指出，當理內在於事物，成爲事物動靜變合的「原理」時，是自然法則；但作爲本然之性，而內在於人類身上時，則毋寧是人類行爲所應當效法的規範。換言之，朱熹的理，是物理而同時也是道理；是自然而同時也是當然。在此，自然法則是與道德規範相連續的（註三八）。守本順一郎根據丸山的硏究，指出自然法則與道德規範的連續並不是對等的連續，而是物理對道理、自然法則對道德規範，全然從屬意義下的連續（註三九）。因此朱子學的「合理主義」以及「主知主義」之基本性格，乃是自然歷史文化之一切，都立於道德的至上命令之下便夠了（註四〇）。李永熾對於此一朱子學理論架構的三個特徵，加以申論，指出：（註四一）

「一、天理（自然）與人理互通，換言之，自然秩序與社會秩序彼此交流。窮外物之理，卽可通向人內在之理。社會秩序可說是自然秩序的投影。二、由格物致知以迄平天下的修持方式，顯示經由外物的認知可內化爲自我的認知，再由內在而及外在的政治統治，此卽『內聖外王』之道……三、因『理』內在於萬物，內在於人，故格物卽可修身。但人之最淸純者是聖人，故聖人之道就是理。是則窮究聖人之道卽可知理，而聖人之道則表現在聖人的言行（著作）中」

雖然朱熹的思想中，理與氣的關係存在著不離與分離的兩種可能。但是就人而言，最高層次的理就是聖人之道。當聖人之道成爲追求的目標時，由於「堯舜三王周公孔子所傳之道」，乃是「亘古亘今，常在不滅」（註四二），理的恒常性與超越性也就特別突出。又由於朱熹認爲「天下之理則要妙精微，各有攸當，亘古亘今，不可移易，唯古之聖人爲能盡之，而其行所言無不可爲天下後世不易之大法」（註四三），而「聖賢所以教人之法，具存於經」（註四四），他本人又特別重視四書（註四五），故在官定朱子學系統中，朱注四書有十分特殊的地位。

至於理（道）在社會規範層次上的具體內容究竟如何？是要瞭解理在實際社會生活上所扮演的角色時，所不能忽視的。

朱熹在「讀大紀」中指出，「宇宙之間，一理而已」，而理「張之爲三綱」，「紀之爲五常」（註四六）。並認爲「自天之生此民，而莫不賦之以仁義禮智之性，敍之以君臣、父子、兄弟、夫婦、朋友之倫，則天下之理固已無不具於一人之身矣」（註四七），強調「卽日用而有天理，則於君臣、父子、夫婦、長幼之間，應對、酬酢、食息、視聽之頃，無一而非理者，亦無一之可紊，一有所紊，天理喪矣」（註四八）。也就是說理（道）的具體內容乃是指涉著以「三綱五倫」爲核心的「恭順倫理」（filial piety）（註四九）。

元延祐二年（一三一五）朱子學派的四書、五經的注疏成爲科舉之書以後，在明代朱子學更是完全官學化，已成爲定說。明永樂二年（一四〇四），一位著述家由於批評宋儒，在公衆之前受到杖刑，他的著述也遭到焚毀（註五〇）。明永樂三年（一四〇五），朱棣在親製碑文上宣稱，朱元璋「以聖人之位爲三才之主宰，和調陰陽，保合造化，貫通宇宙之中，包括天地之外，智無不周，動與神會，凡在天地之中，有生之類，莫不陰受其賜，自生自育而不自知」（註五一），更在永樂七年（一四〇九）刊行的『聖學心法』中明言：「若元后者，則於人類之中，又得其正氣之盛，而能保其全性之尤者。是以能極天下之聰明，而出乎人類之上，以覆冒而子畜之，是則所謂作民父母者」（註五二），將君主與朱熹的聖人等同（註五二），使得君主所立的制度神聖化（聖人之道的展現），而具有一定程度的超越性。同時，他也強調「聖人」是「萬世的標準」（註五四），認爲「聖賢之心，萬古如一日」（註五五），對於聖人之道的超越性與絕對性加以肯定。

作爲明代朱子學重要代表人物的薛瑄，認爲「三綱五常」是「天地間至大者」，無論是「帝王之爲治」，或是「聖賢之爲學」，皆不外乎此，並主張「三綱五常之道，根於天命而具於人心，歷萬世如一日，循之則爲順天理而治，悖之則爲逆天理而亂」（註五六），強調三綱五常乃是「天地間至大者」，並具有超越性。同時，他也主張「自考亭以還，斯道已大明，無須著作，直須躬行耳」（註五七），對於朱熹「格物致知」之說並不重視，而著重於實踐。而明代朱子學另一位代表人物胡居仁則認爲五倫是「理之自然而不容已者」（註五八），並認爲朱熹將孔、孟、周、程所傳「集而全之」，而「道遂大明於宋」，希望能「與天下豪傑之士，講明而踐之」（註五九），與薛瑄的意見相似。

朱子學成爲官學之後，與既有體制相結合，不容懷疑反對，因而導致學者放棄自我對「理」的思考，而只隨從朱熹學說並將之實踐而已，並且將原來具有絕對化可能的理教條化（註六〇）。

明亡以後，朱子學的官學地位並未改變，清康熙帝（玄燁）也強調四書的地位，主張「有四子而後二帝三王之道傳，有四子之書而後五經之道備」（註六一）。在清朝「體制教學」的籠罩下，科考出身者固必先研習官學；在另一方面，透過「體制教學」的運作，三綱五倫的「恭順倫理」也一定程度地社會化了（註六二）。在當時作爲社會規範的絕對化之理，究竟如何運作呢？從戴震對官定朱子學的理落實於社會運作時的批評來看，或有助於對官定朱子學系統中理的瞭解。

戴震對於當時社會視爲絕對化的「理」，主張加以限定，認爲必須「心之所同然」，才可以視爲「理」，反過來說，如果「未至於同然」的話，則不過是個人的意見而已（註六三）。他並對當時「理」（恭順倫理）的運作狀況，深表不滿。戴震指出：（註六四）

「尊者以理責卑，長者以理責幼，貴者以理責賤，雖失謂之順；卑者、幼者、賤者以理爭之，雖得謂之逆。於是下之人不能以天下之同情，天下所同欲達之於上。上以理責其下，而在下之罪，人人不勝指數，人死於法，猶有憐之者，死於理，其誰憐之？」

從戴震的批評中，可以瞭解官定朱子學透過社會化所展現的絕對化面貌。戴震的立場乃是認爲，「就事物言，非事物之外別有理義也；有物必有則，以其則正其物」（註六五），把理視爲事物的條理，必須要就事物剖析至微，而後才能得理（註六六）。戴震此種反對理可脫離事物成爲超越性之理的看法，可視爲與官定朱子學相對的民間學中重要的一支（註六七）。事實上在明代的民間學（以王學爲主流），也多主張「理氣爲一」，「理在氣中」，而以「道器爲一」，「道在器中」，認爲「理只是氣之理」，而「道亦只是器之道」（註六八），黃宗羲便曾清楚地指出，「理爲氣之理，無氣則無理」（註六九）。

在中國近代思想史的脈絡中，官定朱子學系統將理視爲超越的、絕對的，而理落實到人世的三綱五倫之「恭順倫理」也具有超越性和絕對性。當然，就朱子學的發展而言，在朱熹思想中，本來理與道只具有恒常性與超越性的趨向，但未明顯化。至明以後，經由君主與朱子學者的倡導，才使此一趨向得以確立，而成爲「體制教學」的意識型態。在討論晚清思想時，此一思想史背景，有相當的重要性，一者它的觀念透過「體制教學」而社會化，二來「理」的絕對化，使得三綱五倫也成爲不可變的社會規範。另一方面，在明代官學中已流露出將（前代）皇帝與聖人等同之意味，以及「恭順倫理」中衍生出對祖先的尊崇，使得清初的體制對晚清諸帝和士大夫而言，既是祖訓，也具有聖人之道的意味，增加既有體制改變的阻力。

【註釋】

註一：參考王爾敏，「清季知識份子的中體西用論」，頁五五～六。至於王爾敏在頁五一認爲「體用」原詁放失，而變成更寬泛的偶辭，則是本文所須探討的問題之一，在此先視爲一說。

註二：仁井田陞，『中國の法思想史』（東京，日本評論社，昭和二十六年版），頁一五。

註三：野村浩一，『近代中國の政治と思想』（東京，筑摩書房，一九六四年版），頁一一。另參見蕭公權著，楊肅獻譯，『翁同龢與戊戌維新』（台北，聯經公司，民國七十二年版），頁七。

註四：丸山眞男所指稱的「朱子學」，不是指朱熹個人的思想，而是包括自周敦頤至朱熹一聯的思想系統的總稱。丸山眞男著，徐白．包滄瀾譯，『日本政治思想史研究』（台北，商務印書館，民國六十九年版），頁二三。在此所稱的「朱子學」則更著重成爲官學以後的思想內涵，當然此與朱熹的思想自有相異之處，不可混爲一談。又由於在本文討論的時間斷限中，「朱子學」是「體制教學」重要一環，欲藉考試出身的讀書人與其關係十分密切。基於了解晚清「中體西用」論之需要，自有必要注意其「理氣」論、「道器」論和「體用」論。

註五：朱熹，「答黃道夫」，『朱文公文集』，卷五八，頁一〇三九。另參見劉述先，『朱子哲學思想的發展與完成』（台北，學生書局，民國七十一年版），頁三一五。

註六：李永熾師所提示。另參見守本順一郎，『東洋政治思想史研究』（東京，未來社，一九六九版）頁一二八；錢穆也認爲，「就宇宙自然界言，則曰理與氣。就歷史人文界言，則曰道與器」，參見錢穆，『朱子新學案』（台北，三民書局，民國六十年版），頁二四四。

註七：『周易繫辭上』，『重刊宋本周易注疏附校刊記』（台北，藝文印書館，民國四十四年版），卷七，頁一五八。

註八：同上註。
註九：程顥、程頤，「遺書」，『二程全書』（京都，中文出版社，一九七九年版），卷一，頁二八。
註十：參見赤塚忠，前引文，頁四五～六。
註一一：程顥、程頤，「遺書」，卷一九，頁一四八。
註一二：同上註，卷二，頁三四。
註一三：同上註，頁五〇。
註一四：赤塚忠，前引文，頁四五。
註一五：朱熹，「答劉叔文」，『朱文公文集』，卷四六，頁七九九。
註一六：黎靖德編，『朱子語類』（台北，漢京文化公司，民國六十九年版），卷一，頁一。
註一七：『同上引書』，卷一，頁一，朱子曰：「未有天地之先，畢竟也只是理，有此理便有天地，無此理便亦無天地」；卷九四，頁九四二，「而在萬物只是一個理而已，因其極至，故名曰太極」。
註一八：友枝龍太郎，「朱子」，宇野精一主編，前引書，頁一四七。
註一九：『朱子語類』，卷一，頁二。
註二〇：劉述先，前引書，頁二七五；另參見錢穆，前引書，頁二四四。
註二一：山下龍二，「王陽明」，宇野精一主編，前引書，頁一七七。
註二二：『朱子語類』，卷一，頁一；卷四，頁二九；又參見劉述先，前引書，頁二七六～七，「但因有此理方有是氣，在這一特殊的意義之下，乃也可以說理生氣」。

註二三：『朱子語類』，卷四，頁二九。

註二四：錢穆，前引書，頁四〇，「理是一，氣是多。理是常，氣是變」；另參見註二〇、二三。

註二五：劉述先，前引書，頁二七四；武內義雄對此則指出：從論理上推究太極（即形而上之道）雖爲萬物之始，只有一理存於其中而無理氣之併合，然事實上則太極下而爲形而下之氣，理氣密合而不可分。武內義雄者，佚名譯，『中國哲學思想史』（新竹，仰哲出版社，民國七十一年版），頁二四五。

註二六：錢穆，前引書，頁四二〇。

註二七：陳榮捷，「道器」，韋政通主編，『中國哲學辭典大全』（台北，水牛出版社，民國七十二年版），頁六六五～六。

註二八：『朱子語類』，卷七五，頁七七〇。

註二九：同上引書，卷六二，頁五九五；卷七五，頁七七〇。

註三〇：同上引書，卷七五，頁七六九。

註三一：同上引書，卷七七，頁七八三。

註三二：同上引書，卷九四，頁九四九。

註三三：赤塚忠，前引文，頁四七。

註三四：朱熹，「答黃道夫書」，『朱文公文集』，卷五八，頁一〇三九。

註三五：『朱子語類』，卷四，頁二三。

註三六：丸山眞男著，前引書，頁一七。
註三七：朱熹，「玉山講義」，『朱文公文集』，卷七四，頁一三六八。
註三八：丸山眞男著，前引書，頁一九。
註三九：守本順一郎，前引書，頁三一。
註四〇：丸山眞男著，前引書，頁二〇。
註四一：李永熾，「儒家與日本近代化」，『歷史的跫音』（台北，遠景出版社，民國七十三年版），頁一三七。
註四二：朱熹，「答陳同甫」，『朱文公文集』，卷三六，頁五七七。
註四三：朱熹，「行宮便殿奏劄」，『朱文公文集』，卷一四，頁二〇四。
註四四：朱熹，「白鹿洞書院揭示」，『朱文公文集』，卷七四，頁一三六六。
註四五：赤塚忠，前引文，頁四七。
註四六：朱熹，「讀大紀」，『朱文公文集』，卷七〇，頁一二七六。
註四七：朱熹，「經筵講義」，『朱文公文集』，卷一五，頁二一三。
註四八：朱熹，「答廖子晦」，『朱文公文集』，卷四五，頁七七四。
註四九：三綱的絕對化當然並非始自朱熹，而是從漢以來的趨勢，參見余英時，「反智論與中國政治傳統」，『歷史與思想』（台北，聯經公司，民國六十五年版），頁三九～四〇。至於所謂「恭順倫理」，乃是以子對父的恭順，作爲一切人倫關係的「母題」（motif），而各種君臣、夫婦、兄弟（長幼）間特殊的人倫關係，皆與父子關係類別等同。Max Weber, <u>Economy and Society</u>, trans by G. Roth and C. Wittich (Berkeley: University of California Press, 1978), p. 1050。

註五〇：參考島田虔次，『中國における近代思惟の挫折』（東京，筑摩書房，昭和五十三年版），頁二五；張廷玉等編，「成祖本紀二」，『明史』（台北，鼎文書局，民國六十四年版），卷六，頁八一。

註五一：『明太宗實錄』（台北，中央研究院歷史語言研究所影印本），卷四七，頁四a。

註五二：朱棣，『聖學心法』（明永樂七年內府刊本），卷一，頁五二b。

註五三：參照註三七。

註五四：朱棣，前引書，卷二，頁二七b。

註五五：同上註，頁三四a。

註五六：薛瑄，『讀書錄』（清正誼堂刊本），卷七，頁一a。

註五七：「薛瑄傳」，『明史』，卷二八二，頁七二二九。

註五八：胡居仁，「窮理」，『胡敬齋集』（上海，商務印書館，民國二十四年版），卷二，頁五四～五五。

註五九：胡居仁，「復汪謙」，同上引書，卷一，頁一四。

註六〇：山下龍二，前引文，頁五九～六一。

註六一：玄燁，「日講四書解義序」，『康熙帝御製文集』（台北，學生書局，民國五十五年版），卷一九，頁三〇五。

註六二：對清朝教學體制的內容和運作方式，野村浩一指出，清帝次第頒布類似明治教育勅語的詔令，如：六諭臥碑文、康熙聖諭、聖諭廣訓，除了維持傳統政治理念，道德規範，同時確立南宋以來的朱子學爲官學。此一朱子學，提出了作爲天地萬物根本原理的「理」，在「理」的絕對優勢下，建立起一個龐大的貫通宇宙、人間的形而上學體系，它具有顯著地固定的靜態的性格，由於它將理的具體內容定爲五倫五常，遂附予恭順原理絕對的價值，連結私倫理與公倫理，以修身、齊家、治國、平天下作爲其政治哲學的歸結，是一種中國中世的思維體系。於是許多御用朱子學學者被進用了，『性理大全』、『性理精義』也刊行了。他並說明了此一體系如何運作：「早在順治九年，清朝就頒布了六諭臥碑文，康熙九年，又有康熙聖諭（十朝聖訓聖祖康熙帝卷六聖治一），其後雍正也公布了聖諭廣訓（十朝聖訓雍正帝卷九法祖）。這的確可稱爲清朝的教育勅語，且絕不只是一紙訓示，同時還有一套能使全國家喻戶曉的辦法。「講明聖諭，勉力使之普及，本是地方的責任。此所謂聖諭宣講。爲了進行宣講，地方官將其所轄鄉村分爲若干組合，並加督導勉勵。有關聖諭宣講的組合卽講約。各講約中擇素行醇謹，通曉文義者爲約正、約副、司講、司書等職，每月朔望，集約內之人於一堂，先於聖諭牌位前行三跪九叩首之禮，禮畢卽由司講宣講」（『清國行政法』第三卷，三九七頁）。此外在訟堂、軍隊、科考中也都強制執行。有所謂的基本德目有六，卽「孝順父母，恭敬長上，和睦鄰里，教訓子弟，各安生理，無作非爲」。野村浩一，前引書，頁一〇～一一、一三～四。而根據傅樂成的看法，科考與「中國本位文化」的關係十分密切，故本文對於「中體西用」思想與科考的互動十分重視。參見傅樂成，「中國民族與外來文化」，『漢唐史論集』（台北，聯經公司，民國六十六年版），頁四〇一～三。

註六三：戴震，『孟子字義疏證』，卷上，收入『戴氏三種』（北京，樸社，民國十三年），頁四。

註六四：同上註，頁一四。

註六五：同上註，頁一一。

註六六：參考胡適，「戴東原在中國哲學史上的位置」，『戴氏三種』序文，頁五～六。

註六七：對官定朱子學絕對化之理的批評，並非戴震一己之見，漢學家如段玉裁、焦循亦多持此一見解，段玉裁，『說文解字注』（台北，漢京文化公司，民國六十九年版），頁一五～六；胡適，前引文，頁八。另參考 B.A.Elman, "Critical as Philosophy : Conceptual Change in Ch'ing Dynasty Evidential Research"，中國思想史國際研討會抽印本（新竹，民國七十三年）。

註六八：參見陳榮捷，「道器」，韋政通主編，『中國哲學辭典大全』（台北，水牛公司，民國七十二年版），頁六六六。

註六九：黃宗羲，「河東學案」，『明儒學案』（台北，河洛出版社，民國六十三年版），卷七，頁四。

第二節 「體用」論之演進

「體用」論思想在先秦儒家典籍中並不顯著，其大盛是宋以後之事（註一）。此一思想依島田虔次的研究主要乃源自於佛家（註二），而根據陳榮捷的研究，朱熹是最能發揚「體用」觀念的（註三）。因此，本節先簡單討論佛學（尤其是中國佛教）的「體用」觀念，其次再討論朱熹思想中「體與用」的關係，而連帶地討論較具代表性的「體用」思想，最後再簡略討論「體用」的範疇（註四）。

研究魏晉南北朝佛教史頗有成績的湯用彤指出，僧肇所作的『肇論』已談至「體用」問題的最高峰，其學說一言以蔽之就是「卽體卽用」（註五）。在中國佛教重要典籍『大乘起信論』中，指出「心眞如相卽示摩訶『體』故」，而「心生滅因緣相，能示摩訶衍自體『相用』故」（註六），其中「心眞如」與「心生滅」卽是「體用」的關係（註七）。在『大乘起信論』的系統中，依「一心法」而有「心眞如」、「心生滅」二種門，且二種門都「各總攝一切法」，而之所以如此乃因二種門「不相離」，又由於二種門皆依「一心法」而有，表現出「體用同源」的意味，而「心眞如」卽是「心性不生不滅」。在另一方面，「依如來藏故有生滅心」（註八），而如來藏自身有其常恒性及其清靜性，但卻不妨「隨緣而造諸法，不染而染」（註九），再依『大乘義章』的詮釋（註一〇），有某種程度「體」不變和「體」生「用」的意味。在禪宗重要典籍『六祖壇經』中慧能在說明「定」、「慧」時，明言「定是慧體」，而「慧是定用」，並說「定慧一體不是二」，另外他又舉燈、光爲例，認爲燈是光之「體」，而光是燈之「用」，「名雖有二，體本同一」（註一一），說明了「體用不二」的性質。由前面簡單的討論中，可以了解在中國佛學思想中「體」與「用」的幾個關係，「體用同源」、「體用不離」、「體用不二」、「卽體卽用」，以及在某種意義下的「體生用」以及「體不變」的概念（註一二）。

程頤在討論「體用」關係時，認爲「體用一源，顯微無間」（註一三），而又以爲「中庸大本言其體，達道言其用。體用自殊，安得不爲二」（註一四），與中國佛學的「體用」思想有相當差異。

在朱熹思想中，「體用」的意義不一，關係也十分複雜（註一五）。不過在某種層面上，朱熹還是以「理氣」二元不雜不離的方式來解釋「體用」，有體斯有用，卽用而見體，而體仍是體，用仍是用，不可以總起來說（註一六）。他認爲「體」就是這個「道理」，而「用」則是它的用處，如「耳聽」、「目視」之自然如此便是「體」，而睜眼視物，「著耳聽聲」則是「用」了（註一七）。就此而言，體便具有理的意味。錢穆加以申論指出，眼能視是理，開眼視物是事，有此理始有此事（註一八）。此外，朱熹有時將「體」視爲事物本身，而「用」就是事物的運用，如「耳是體，聽便是用，目是體，見是用」（註一九）。同樣將事物本身視爲「體」，而它的種種形態便是「用」，如水是「體」，而水的流或止則是「用」（註二〇）。另外，他在以體用說明仁愛時，指出仁是愛之「體」，愛是仁之「用」，而愛自仁出，明白指出體是用之源（註二一）。朱熹並有「體」是「用」之因的說法，如以喜怒哀樂爲用，「所以」喜怒哀樂便是「體」

（註二二）。由前述的討論中，可以發現在朱熹的思想中，除了以「理氣」二元不雜不離的方式來說明「體用」的關係外，也有類似「理先氣後」的「體先用後」以及「理生氣」般的「體生用」，而且體在某種意義下，是相當於理的。

在朱熹的「體用」思想中，有兩種形態具有相當的重要性，而且先後被借用來討論中西文化的問題。其一是「互爲體用」的關係，朱熹在討論「陰陽」與「體用」時指出，就陽而言，則陽就是「體」，而陰則是「用」；反之，就陰而言，則陰就是「體」，而陽則是「用」，好像「體用」無定所，無先後。不過，朱熹對此一問題也有所申論，他主張「合萬事爲一大體用」時，「定見在底」便是「體」，而由「體」所後生的便是「用」（註二三）。其二則是朱熹認爲「體」有自身的「體用」，而「用」也有自身的「體用」，如仁爲「體」，義爲「用」，而仁自有仁之「體用」，義也有義之「體用」（註二四），也就是說當甲有一己之「體用」時，並不會妨害乙爲「體」而甲爲「用」的「體用」思想出現。

在另一方面，朱熹討論心之「體用」時，使其思想中的「理氣」與「體用」有較清楚的關連。朱熹肯定程頤「性卽理」與張載「心統性情」之說，主張「性是未動，情是已動」，而「欲則是情發來底」，「指體而言者，寂然不動是也，此言性也，指用而言者，感而遂通是也，此言情也」（註二五）。對朱熹而言，由於人生成之時，除了聖人乃「稟其清明之氣而無物欲之累」外，其他則因並非稟純然的淸明之氣，故爲物慾所累，乃至爲物慾所蔽，故主張「去人欲，復天理」（註二六）。未發既是性，而性又是理，故起初並無問題，但是已動之後，由於非「淸明之氣」的作用，並不「中節」，因此朱熹主張在未發之際，便當用敬的功夫加以涵養，使之發而「中節」（註二七）。就此而言，體本身是性，也就是理，而且是不動的。在另一方面，用既是情，而由情發來的慾，如果是不好的，「則滅卻天理，如水之壅決，無所不害」（註二八），依朱熹的思想體系來看，則「去人欲」的功夫是必要的。如此一來，體既是性（理），且又不動，則帶有不變也不須變的意味，在另一方面，用既是已動的情則帶有變動的意味，而透過人的工夫，用的結果便由不「中節」而「中節」，也就顯示在體的不變下，用的可變性。

無論如何，對朱熹而言，當「體先用後」或「體生用」之際，便意味著有體才有用，則體、用二者相較之下，體便有被視為根本的、第一性的；而用則是派生的、從屬的、第二性的意味（註二九）。而當置於心之體用來理解時，則又有體不變而用可變的傾向。尤其值得注意的是，當體被視為理之時，在官定朱子學「理」的絕對化下，體也就被賦予絕對的意味。

在明代與官定朱子學相對的王學開創者王守仁，認為「體用一源」，「有是體卽有是用」，指出「卽體而言」時「用在體」，「卽用而言」時「體在用」（註三〇），而此一「體用不二」的見解乃是心學系統的重要案語（註三一）。

曾與顧炎武通信討論「體用」問題的李顒提出「明體適用」的看法，認為「儒者之學」就是「明體適用之學」（註三二），自拔習俗，必須為「體用之學」，講求「體用兼賅」（註三三）。另外，他主張要為「眞體」「實用」，則以「明道存心以為體，經世宰物以為用」作為要件，同時也將「體用」與「內外」對照著看，提出如果「內」不足以「明道存心」，「外」不足以「

經世宰物」的話，那麼「體」就是「虛體」，「用」就是「無用」（註三四）。就『大學』格物、致知、誠意、正心、修身、齊家、治國、平天下的內聖外王理路來看（註三五），李氏思想中的體與用具有相當連結性。不過，就李氏的理路來看，一旦事實證明「用」是「無用」，爲了「實用」的需要，用的範疇便可能產生變化。

就目前所知，最早說明體用範疇的是北宋胡瑗的弟子劉彝。根據閔斗基的研究指出，胡瑗援用佛教「體用」連璧的概念，主張「明體達用」以後，歷經邵雍、張載、二程，到了朱熹解釋經傳時，形成重要的概念（註三六）。而劉彝在熙寧二年（一〇六九），說明「聖人之道」時指出，「聖人之道」包括三個方面，一是講「體」，像君臣、父子、仁義禮樂，皆屬歷世不可變的「體」；二是講「用」，「舉而措之天下，能潤澤斯民、歸于皇極者」就是「用」，也就是所謂的經世濟民——怎樣拿儒家學問來建立政治社會秩序；三是文，即指詩、書、史傳、子、集等（註三七）。透過劉彝的詮釋，「體」與「用」成了「聖人之道」的二大範疇，「體」乃偏重在三綱五倫和道德教化層面，而「用」則屬於社會制度與經世層面。由劉氏的主張看來，體具有不變性是十分明顯的。

至明末清初，經世學者李顒將「體用」的範疇列入他的集子中，從他所開的書目，大抵可一窺梗概（註三八）。在「明體」類中，主要是宋明理學家如二程、朱熹、陸九淵、王守仁等人的集子或語錄，在「適用」類中，則包括律令、『大學衍義』、『農政全書』、『泰西水法』（？）、『文獻通考』，歷代名臣奏議等等（註三九），因此在他思想中的「體」，應該是綱常名教和道德教化之屬，而「用」則可能包括經世和制度（？）層面。特別值得注意的是，他在「適用」類中列入了泰西水法，這意味著「用」的範疇有彈性，凡有益於經世者皆可採納，縱使「西法」亦然。此觀點就「體用」範疇的演變而言，有其重要意義，也似乎對以後歷史的發展，指出了一個方向。

【註釋】

註一：陳榮捷，「體用」，『中國哲學辭典大全』，頁八五三。

註二：島田虔次，「體用の歷史に寄せる」，『塚本博士頌壽記念佛教史學論集』（日本，昭和三十六年版），頁一四六～七。韋政通則以爲類似「體用」連稱的思想在東漢時就有出現，如鄭玄，「禮序」『「統之於心曰體，踐而行之曰履（用）」』，韋政通，「體用」，『中國哲學辭典』（台北，大林出版社，民國六十六年版），頁八一三。

註三：陳榮捷，「體用」，頁八五四。

註四：範疇乃哲學上一重要概念，亞里斯多德（Aristotle），康德（I. Kant）對此皆有所見。本文用此乃因張東蓀在討論中國哲學上的範疇時，認爲「體用」亦爲其中之一，筆者並用來指涉「體用」的內容（contents），參見張東蓀，『知識與文化』（台北，仲信出版社，民國七十三年翻印本），頁一三〇～一。

註五：湯用彤，『魏晉南北朝佛教史』（台北，商務印書館，民國六十八年版），頁二四二、二四六。

註六：馬鳴（？），「立義分」，『大乘起信論』，『大正新修大藏經』（台北，新文豐，民國七十二年版），冊三二，頁五七五上。
註七：陳義孝編，『佛學常見辭彙』（台北，大乘經舍印經會，民國七十一年版），頁三二一。
註八：馬鳴，「解釋分」，同前引書，頁五七六上、中。
註九：霍韜晦，『霍韜晦選集』，藍吉富主編，『現代佛學大系』（台北，彌勒出版社，民國七十三年版），頁四一。
註一〇：慧遠，『大乘義章』，卷三末，『大正新修大藏經』，冊四四，頁二五中。
註一一：慧能，『六祖壇經』（台北，慧矩出版社，民國七十年版），頁二七、八〇～一。
註一二：可參考勞思光，『中國哲學史』，第二卷（香港，中文大學崇基書院，一九八〇年版），頁三五二～三。
註一三：程頤，「易傳序」，『易傳』（易程傳）（台北，世界書局，民國五十一年版），頁四。
註一四：程頤，「與呂大臨論中書」，『伊川先生文集』，『二程全書』，卷六三，頁五七二。
註一五：陳榮捷，「體用」，頁八五四～五。
註一六：劉述先，前引書，頁三二四～五。
註一七：『朱子語類』，卷六，頁四一。
註一八：錢穆，前引書，頁四三四。
註一九：朱熹另有一些話語可資佐證，「扇子有骨有柄用紙糊，此則體也，人搖之，則用也」；「尺與秤相似，上有分寸星銖，則體也，將去秤量物事則用也」。本文論述見『朱子語類』，卷一，頁一，註中引文見卷六，頁四一。

註二〇：同上註，卷六，頁四一。

註二一：同上註，卷二〇，頁一八七～八。

註二二：同上註，卷一七，頁一五五。

註二三：同上註，卷六，頁四一。

註二四：同上註，卷六，頁四九。

註二五：『朱子語類』，卷五，頁三八。

註二六：朱熹，「玉山講義」，『朱文公文集』，卷七四，頁一三六八。

註二七：朱熹，「已發未發說」，同上引書，卷六七，頁一二三四。

註二八：『朱子語類』，卷五，頁三八。

註二九：島田虔次，前引文，頁四二九。

註三〇：王守仁，『傳習錄』，『王文成公全書』（四庫叢刊正編本），卷一，頁二九a。

註三一：陳榮捷，「體用」，頁八五六。

註三二：李顒，「盩屋問答」，『李二曲先生全集』（台北，華文書局，民國五十九年版），卷一四，頁三a。

註三三：李顒，「四書反身錄」，轉引自侯外廬，『近代中國思想學說史』（上海，生活書店，民國三十六年版），頁三一〇。

註三四：李顒，「答顧寧人第一書」，前引書，卷一六，頁一七a。

註三五：參考朱熹集註，蔣伯潛廣解，『大學新解』（台北，啓明書局，不詳年代），頁四。

註三六：閔斗基，前引文，頁一七五～六。

註三七：黃宗羲，「安定學案」，『宋元學案』（台北，世界書局，民國五十年版），卷一，頁一七。另可參考余英時，「淸代思想史的一個新解釋」，『歷史與思想』，頁一二九。

註三八：李顒，「體用全學」，前引書，卷七，頁一a～一〇a。

註三九：此可視爲西學（法）滲入用的範疇之內，在中國近代思想史上有其重要性，但並非表示著「中體西用」思想在此已經成形，因爲晚淸「中體西用」思想成立有其特殊的條件。參考本文第二章第二節。

第三節 「道器」論、「體用」論與「中體西用」論之脈絡

在前兩節中，已對「道器」論與「體用」論作了簡單的討論。本節中則以前述的討論作基礎，嘗試說明此二思想與「中體西用」思想的關聯。由於朱子學乃是清朝的官學，而在清代欲通過科舉考試，除必須先經過官定朱子學的洗禮並對其有所了解外，同時在讀書、求學的過程中，基本上也籠罩在「體制教學」裏。是以在此希望由官定朱子學的思想脈絡，來釐清「道器」論（理氣論）、「體用」論與「中體西用」論思考之間的一大問題——晚清「中體西用」論者何以能用「體」不變而「用」可變的觀念，去接受西用。

在官定朱子學的系統中，理的絕對化傾向十分明顯，而朱熹思想中原有的「理氣不雜不離」的觀念則相對地受到忽視。在明代的官定朱子學中，便已表現出放棄卽物窮理的知性探究而盛行實踐主義傾向（註一）。而官定朱子學作爲「體制教學」的重心，並一定程度地主宰社會化，使其著重於社會規範的層面是不難理解的。由於絕對化的理落實於社會規範上，而成爲社會實際運作法則的三綱五倫之「恭順倫理」。因此，一旦在官定朱子學的思想脈絡中，理與聖人之道被絕對化且被賦予超越性時，理在社會規範層面落實的三綱五倫之「恭順倫理」也就絕對化了。而由於官定朱子學中對祖先尊崇的論理，以及（開國）君主與聖人地位在某種程度的重合，使得後世君主和士大夫不僅僅視旣存體制爲祖宗之法，也賦予其聖人之道的色彩。因此，卽使社會不斷變動，也可在理的名義下堅持保守性的傳統（註二）。

除此之外，在朱熹的思想中，「體用」的關係往往和「道器」、「理氣」相似，在某些場合，體與理更是相通的。尤其就已發、未發的觀念來討論心之體用時，體與性、理，本是相等，再加上體的不動性，更展現了體不變的意味，相對地，用則帶有變動的意味。而在官定朱子學的思想脈絡中，理的絕對化更加深體的絕對化性格。

若從聖人之道的角度來考察，劉彝僅賦予體的不變性，而未及於用。由其範疇觀之，乃偏重於綱常名教等社會教化、規範的層面，與理落實於社會規範層面時所展現的三綱五倫之「恭順倫理」，也有相當的重疊。因此「體用」論、「理氣」論、「道器」論不僅在結構上類似，彼此之間又有一定程度的相通。落實於社會層面之時，體、理、道的範疇也幾乎相同。而器本身乃是氣的具體化，彼此的關係自無庸贅言。這是本文所探討的晚清「中體西用」論者中，包括王韜、鄭觀應、陳熾、湯震等「中道西器」論，並視之為「道器」論之「中體西用」思想的主因。另一方面，在「體制教學」中，理的落實乃是三綱五倫之「恭順倫理」。而「恭順倫理」又被視為聖人之道的具體展現，這是因為綱常名教常常以官學系統的儒家典籍（聖人所著的經典）之記載作為媒介，成為聖人之道在人世中的展現，而且此一範疇與劉彝聖人之道的體的範疇類似。因此，可將體視為「體制教學」所欲社會化的道德規範。同時，驗諸晚清「中學為體，西學為用」倡言人孫家鼐的思想，其「中學為體」的內容也正與之相應，這是本文將馮桂芬及李鴻章等洋務派納入討論的重要原因。

總而言之，在晚清「中體西用」思想蘊釀的時代，在「體制教學」（尤其是官定朱子學）的思想脈絡中，理已被絕對化，而其具體展現的綱常名教也因而取得絕對化的地位，被視爲不變的價值。同時清朝既有體制也因開創君主被視爲聖人，使既有體制不僅是祖制，更是聖人之道的展現，幾乎被視爲天經地義而具有不變的性格；再者相對於體、理、道的超越性與恒常性，用、氣、器則有變動的可能。因此，在經世觀點下，以不影響聖教的存在爲條件，用的範疇便具有彈性，如前述李顒思想中用的範疇中便已經包含了「西法」。至於晚清「中體西用」思想如何產生，將在下一章再加討論。

【註釋】

註一：參考山下龍二，前引文，頁一六一。

註二：同上註。

第二章　晚清「中體西用」思想之成立與早期「中體西用」思想

鴉片戰爭以後，中國被迫「開港」，打破了中國閉關自守的局面。受此刺激，魏源已明白提出學習「西技」的主張——師夷之長技以制夷，不過當時並未受到重視。而後以太平天國之亂和第二次鴉片戰爭爲契機，以師夷之長技以制夷爲重心的自強運動才在咸豐十一年（一八六一）展開（註一）。不過自強運動的領導者與當時的少數思想家已經注意到「西技」背後的「西學」存在，並主張加以採用。由於他們所接受的教育皆在「體制教學」籠罩之下，故在上一章中先討論「體制教學」（尤其是官定朱子學）系統中的「理氣」論、「道器」論與「體用」論，在此則以前述的討論爲基礎，進一步對照西力東漸等外在環境與經世學風，嘗試說明「中體西用」思想形成的背景與其如何成立。另一方面，因爲以甲午戰爭爲分界點，思想界有相當大的轉變（註二），隨著康梁變法派的逐漸崛起，「中體西用」思想所扮演的角色也有所不同，甲午戰前的可權稱爲早期「中體西用」思想，在本章中加以討論，下一章中則以張之洞爲中心，探討至光緒二十六年（一九〇〇）的「中體西用」思想。

由於在「中體西用」思想成立後，以曾國藩、李鴻章等大官僚爲中心的洋務派主流，和王韜、鄭觀應、陳熾、湯震等人思想的發展有所差異，故分爲兩節加以討論，最後再加綜合比較。

第一節　晚清「中體西用」思想成立背景

後，中外關係已進入「條約體系」時代。而相隨而來東漸的西力，也對中國的經濟、意識型態和文化體系構成強而有力的「挑戰」，為了面對此一三千年未有之變局，中國有了種種的「回應」（註三）。從思想的外緣因素來看，晚清的「中體西用」思想之成立，基本上似可視為「回應」的一種型態。

但是，僅僅以中西文化的遭遇，來說明晚清「中體西用」思想的成立，實難免有不夠周延之處。因為鴉片戰爭以後的中國歷史，畢竟是戰前歷史的延續，晚清「中體西用」思想也應該與過去中國思想有延續的一面（註四）。故本文除了已對「中體西用」論思考的基本架構——「體用」論、「道器」論等作了溯源的探討之外，在此則擬對影響「中體西用」思考的經世思想加以探討。

經世致用之學在儒家思想中可以說是源遠流長，但是一般討論較多的，則是明末清初的經世思想家與十九世紀以來再興的經世思想。本文在討論「體用」論之演進時，曾說明北宋胡瑗援用「體用」的概念，主張「明體達用」，而「達用」便深具經世致用的意味，在其「湖學」也分經義、時務兩齋，「經義其體，時務其用」（註五）。在此可以發現「體用」論被援引入儒學之時，與經世思想便有所牽連。到十六世紀時，經世的觀念已逐漸受到重視，王學左派的李贄的『藏書』中便列有「經世名臣」一項，其義已近於經世致用（註六）。在明代，以明白形式提倡經世學問觀的是東林學派（註七），這與一般學者強調明朝遺老「感於亡國之痛」，而流趨於經世思想的看法有所差異（註八）。根據山井湧的研究，明末清初的經世致用之學可分爲三類，第一類是站在認爲不能僅注重記誦之學或空談性理，而必須實地實踐的立場，如王餘佑、李顒、顏元、陸隴其等人的實踐派；第二類是注重天文曆算、農業水利和兵學火器（包括由西方傳入者）等技術方面，如徐光啓、李之藻、薛鳳祚等人的技術派；第三類則是否定空談性理的結果，主張走向經、史學的研究，而將從其中獲得的知識，用於實際社會，如顧炎武、黃宗羲、王夫之等人的經學史學派（註九）。

清初諸經世思想家相繼謝世後，清代學風卽有所轉向，乾嘉考證學隨之興起（註一〇），經世思想也不再如前風行。不過就在考證學極盛的乾隆中葉，由於長期的承平，人口急劇地增加，政治未若以前修明，官僚日趨腐化，各地變亂不斷發生，而國勢也有由盛轉衰的趨勢，如乾隆三十九年（一七七四）山東王倫之亂、四十六年（一七八一）甘肅回亂、五十二年（一七八七）台灣林爽文之亂、六十年（一七九五）貴州、湖南苗亂，在嘉慶元年（一七九六）爆發的白蓮教之亂，直到九年（一八〇四）才告平定（註一一）。於是在十九世紀初葉，隨著社會政治危機的日[illegible]家的「經世意識」終於再告勃興（註一二），而其中以龔自珍和魏源二人較爲重要。[illegible]世思想的源流，是來自常州公羊學派的傳承（註一三），而早在乾隆五十八年（一七[illegible]洪亮吉發表的人口理論（註一四），則可視爲龔魏經世思想的先導。

[illegible]的時代雖然在鴉片戰爭以前，但他已對西方有所注意，其經世思想中便有「夷務」的

成份。在此不擬對他整體的經世思想作一探討（註一五），而著重在其「夷務」的部份，蓋此或有助於瞭解在鴉片戰爭之前「西器」與經世思想的關係，以及由經世發展成「中體西用」思想之可能性。

雖然龔自珍並沒有明言是否要購置或仿製西方的「利器」以對付當時的外「夷」，而僅僅在林則徐赴廣東時，建議要注重「火器」（註一六）。但他早在「西域置行省議」中便主張仿製「西洋奇器」（註一七），可見得基於「經世」的需要，對於有用的西方器械，他是主張學習的。而從前面提到的明末經世思想的技術派，主張「明體適用」的李顒乃至嘉道年間的龔自珍，對於有用的「西器」加以採用的立場，基本上是肯定的。

但在嘉道年間的經世思想究竟包涵那些內容呢？據張灝的研究指出，所謂的「經世」並不是一個單純的觀念，它至少有三層意義，第一層意義是指儒家入世的「價值取向」，第二層意義則相當於宋明儒所謂的「治體」或「治道」，第三層意義才是晚清所謂的經世之學所彰顯的意義，相當於宋明儒所謂的「治法」。他從『皇朝經世文編』的內容加以分析，指出對魏源與賀長齡而言，所謂「治法」的內容，大部份是有關官僚制度的業務性和技術性問題，如銓選、賦役、鹽運、河工、水利等（註一八）。

基本上在鴉片戰爭前中國的經世思想中便已有接受西方有用之器的主張，而在鴉片戰爭後，「海禁大開」，較敏銳的晚清思想家對西方便有進一步認識的可能，一旦到了意識西學的存在與實用價值，由經世思想走向「中體西用」思想便具有相當的可能性，此在後文中將會論及。不過對於經世思想與「中體西用」論的關聯，不可做過度的推論，尤其在本文所探討的「中體西用」論者中，多受到程朱學派與官定朱子學的影響，必須要從個人的思想做一掌握，並參考晚清所謂經世之學對「治法」內容的認識，較爲妥當（註一九）。至於魏源的經世思想及其對西方「長技」的態度與晚清自強運動的理念和「中體西用」思想關係較密切，故留待下節中再做討論。

【註釋】

註一：參看包遵彭等編，「導論」，『中國近代史論叢第一輯第五冊——自強運動』（台北，正中書局，民國六十六年版），頁二。

註二：參看張灝，「晚清思想發展試論」，『中央研究院近代史研究所集刊』，第七期（南港，民國六十七年），頁四八〇。

註三：Ssu-Yu Teng and J. K. Fairbank, *China's Response to the West: A Documentary Survey 1839—1932*（Cambridge, Mass.: Cambridge University Press, 1950）p.1, 此書乃是以「挑戰」與「回應」解釋中國近代史的代表作，本文所討論的「中體西用」論者的思想，亦被納入此一解釋架構中，見 pp.50～1，pp. 61～3，pp. 73～4 etc. 至於對此一理論之批判意見，參看 P. A. Cohen, *Discovering History in China: American Historical Writing on the Recent Chinese Past*（New York: Columbia University Press, 1984），pp. 9～55。

註　四：對於此一歷史連續性的研究，近年來漸受重視，「經世思想」的研究卽是其中之一，可參看中央研究院近代史研究所編，『近世中國經世思想硏討會論文集』（以下簡稱經世論文集）（台北，中央研究院近代史研究所，民國七十三年）。

註　五：錢穆，『近三百年學術史』（台北，商務印書館，民國六十九年版），頁三。

註　六：余英時，「經世致用」，『中國哲學辭典大全』，頁六九三；李贄，『藏書』（台北，學生書局，民國六十三年版），頁二二二～四八。

註　七：山井湧，「明末清初における經世致用の學」，『明清思想史の硏究』（東京，東京大學出版會，一九八〇年版）頁二二六；及余英時，「經世致用」，頁三九三。

註　八：王爾敏，「姚瑩之經世思想及其對域外地志之探究」，『經世論文集』，頁二〇二。此一說法當然有相當的史實根據，但是對明末的「經世」思想則有忽略之嫌。

註　九：山井湧，「明末清初における經世致用の學」，頁二二八～三二。在三二頁中，他指出，其中按照第三派的意識來說，儒者之學原本是經世之學，也就是經學、史學。經者乃述聖賢之道與根本原理（當然此亦爲聖人爲經世而立言者），史書卽爲記載各時代具體開展之跡與實際變化。是故，經學史學亦經世之用也，爲經世之學，得讀多量經史之書。

註一〇：有關乾嘉考證學風的發展，傳統說法多注重淸朝的高壓統治等外緣因素，近年來由思想之「內在理路」來探討者亦多，可參看余英時，「清代思想史的一個新解釋」，頁一二二～六五。

註一一：參考野村浩一，前引書，頁二七～三一；王家儉，「洪北江的憂患意識」，『經世論文集』，頁二三六。

註一二：余英時，「經世致用」，頁七〇三。

註一三：有關常州學派的探討，參看 B. A. Elman, "The Ch'ang-Chou New Text School: Preliminary Reflections"，『經世論文集』，頁二五三～七三；有關常州公羊學派的傳承，參看孫春在，『清末的公羊思想』（台北，台灣大學歷史研究所碩士論文，民國七十二年），頁三五。

註一四：有關洪亮吉的思想，參看王家儉，「洪北江的憂患意識」，頁二三五～二五一。

註一五：有關龔自珍的經世思想，參看『經世論文集』，孫廣德，「龔自珍的經世思想」，頁二七五～八九；周啓榮，「從『狂言』到『微言』——論龔自珍的經世思想與經今文學」，頁二九五～三一八；吳卓棣，「從考證到經世：龔自珍以及十九世紀初中國士大夫志向的轉變」，頁三四一～五二。而龔自珍思想與「西書」的問題，可參看竺柏松，「龔自珍所好的『西方之書』是什麼書？」，『光明日報』，一九六四年七月十五日。

註一六：龔自珍，「送欽差大臣侯官林公序」，『龔自珍全集』（台北，河洛出版社，民國六十四年版），頁一七〇。

註一七：「西域置行省議」，同上引書，頁一一〇。

註一八：張灝，「宋明以來儒家經世思想試釋」，『經世論文集』，頁一六～九。

註一九：當然「經世」思想本身即是一個十分複雜的思想，在晚清也有其發展，在此乃著重於龔自珍、魏源的「經世」思想中對西方器用的態度，而觀察其後「中體西用」論者與龔魏的共通處。

第二節　「中體西用」論的成立

如同在「導論」中所提出的，「中體西用」乃是「中學爲體，西學爲用」的省略語（註一），常被視爲「洋務運動」的基本理念（註二）。而欲確認某人的思想爲「中體西用」的先決條件，乃在其理念中必須承認西學的存在，否則不承認有西學存在，又如何主張西學爲用。在此一前提下，在此接著擬探討本節的主題——「中體西用」論之成立。

一、魏源與「中體西用」思想

鴉片戰爭失敗，包含洋務的改革論發端，可以魏源在『聖武記』和『海國圖志』中的思想爲代表（註三）。他提出了「以夷攻夷」，「以夷款夷」，「師夷之長技以制夷」的思想（註四），其中「師夷之長技以制夷」無疑是承認西方的長技，並主張加以輸入，以講求對抗西方之道（註五）。

雖然魏源的思想中，已經承認西方船堅砲利的優越性（註六），並且主張加以學習，以圖與西方列強對抗，但是在他觀念中，他認爲西方的長處不過是「技」，主張設立「造船廠」和「火器局」，延聘「西洋工匠」到廣東「司造船械」，延「西洋柁師教行船演砲之法」，如「欽天監夷官之例」，而選「閩粵巧匠精兵以習之」，「而盡得西洋之長技」爲「中國之長技」（註七），同時設鑄造局，供「人習其技巧」，只要「一、二載後，不必仰賴於外夷」（註八）。他並認爲要「制外夷」便必須「先悉夷情」，而「始欲悉敵情」，就得「先立譯館、繙夷書」（註九），可知他主張翻譯「夷書」的目的，乃在於瞭解西方的情形而已。

從上面的討論可以發現，在魏源的觀念中，只主張學習屬於技術範疇的「西技」而已，尚未明白地指出除中國之「學」外，西方也有「學」；也沒有把接受「西技」與中國傳統體制、思想、價值加以關聯，納入同一思想體系加以思考（註一〇）。因此，似乎難以認定魏源有「中體西用」思想。不過，從「師夷之長技以制夷」這點來看，既主張學習西方的「長技」，一旦發現長技背後有「學」的存在，而且因爲有「學」才使長技得以成爲長技，並有繼續發展的可能性，則因「師夷之長技」的需要，便有可能由「師夷之長技」，更進一步主張「采西學」。雖然魏源思想中並無西學的觀念，但是卻主張在閩粵兩省的武試中增加「水師」一科，主要由擅長「西技」者參加，並認爲「水師」將官的資格，應限定由「船廠」、「火器局」或「水師」出身（註一一）。值得注意的是魏源的這些主張被一些晚清「中體西用」論者所承襲並有所發展。

二、馮桂芬與「中體西用」思想

馮桂芬的改革理論主要見諸咸豐十一年（一八六一）大致整理完成的『校邠廬抗議』，此書成書的年代，在於太平天國戰禍方熾與咸豐八年（一八五八）和十年（一八六〇）第二次鴉片戰爭之際，此可以作爲馮桂芬思想外緣因素的主要背景（註一二）。而依照中國人命名的習慣，馮桂芬字林一，號景亭，表現出其對清代經世思想先驅顧炎武景仰之情（註一三），且其又曾師事林則徐（註一四），特別留意「天文、地輿、兵刑、鹽鐵、河漕諸政」（註一五）顯出「經世致用」對他思想的影響（註一六）。

早在馮氏之前，清初的「經世學者」李顒在「體用全學」的「適用」類便列有『泰西水法』（？）（註一七）。而前述的「經世學者」魏源（註一八），在面對西方的衝擊下，則提出「師夷之長技以制夷」的主張，說明了「經世學者」在經世致用的考慮下，可以採用西方的科技。而處於面對西力衝擊，使中國的「夷務」思想轉爲「洋務」思想之際（註一九），馮桂芬比魏源更跨進一步，不僅主張「制洋器」，更明白地要求「采西學」（註二〇）。而在「采西學議」中，對於「采西學」的背景和方式，他也有所說明。馮桂芬主張「學問者」是「經濟所從出」，而如何「出於夷而轉勝於夷」則是「當時論學的一要務」。他舉司馬遷因爲考慮到時序相近，「俗變相類，議卑而易行」等要素，而在「論治」時主張「法後王」爲例，認爲此時「諸國同時並域，獨能自致富強」，也是「相類而易行」，故主張仿效法後王之意而「鑒諸國」。對於此一「鑒諸國」以採西學的意見，馮桂芬並不認爲僅此而足，而認爲應該「以中國之倫常名教爲原本，輔以諸國富強之術」，才是「更善之善者」（註二一）。由馮氏「采西學議」中此一思考理路來看，可知「以中國之倫常名教爲原本，輔以諸國富強之術」乃是其採西學的綱領，而不是泛泛之論而已。

從馮桂芬『校邠廬抗議』的內容加以分析，他在比較中、西之後，雖然列舉了「人無棄材不如夷，地無遺利不如夷，君民不隔不如夷，名實必符不如夷」諸端，卻認爲這些問題的解決之道乃在「反求」而已，只要「皇上振刷紀綱」，「一轉移間」便可達成（註二二）。至於有關「軍旅之事」中，「有待於夷者，獨船堅砲利一事耳」（註二三）。表面上馮桂芬與魏源在對西方之所長的認識似乎很類似，但深究之下可以發現，馮桂芬似已意識到「船堅砲利」背後的製造這些器具的原理與方法的重要性，而進一步主張學習西方的「歷算之學、格物之理、制器尙象之法」等西學（註二四）。並認爲「算學重學視學光學化學」諸學，「皆得格物至理」，而「輿地書備列百國山川阨塞風土物產，多中人所不及」，既然「列國猶其有人」，那麼「大一統」的「中華之邦」怎麼可以沒有（註二五），而主張加以學習。

既然欲學習西方的長技與西學，馮桂芬一方面主張在科舉中加設一科，另一方面則主張設學校來傳授西學，此一主張可視爲魏源於武科納入西法後的發展。他主張在「通商各口」設「船礮局」，聘請西人教授，「工成與夷製無辨者」，就「賞給舉人」，可和舉子們「一體會試」，如果「工成」能「出夷製之上者」，就「賞給進士」，而「一體殿試」（註二六），來鼓勵學習「夷之長技」。而爲了「采西學」的目的，他又主張在廣東、上海設「翻譯公所」，招「選近郡十五歲以下文童」，「住院肄業」聘請「西人課以諸國語言文字」，同時並延「聘內地名師課以經史等學」，並「兼習算學」（註二七），另外就俄人在道光年間所進「千餘種」書中，「擇其有理者譯之」，「由是而秝（歷）算之術，而格致之理，而尙象之法」，加以「兼綜條貫」（註二八）。諸「文童」肄業三年以後，於「諸國書」能夠「應口成誦」者，便可以「補本學諸生」，如果進一步而「神明變化，能實見之行事者」，便由「通商大臣」奏請，「賞給舉人」，如此因中國「多秀民」，一定有「出於夷而轉勝於夷者」，又因「學問」是「經濟」所從出者，故將此視爲當時「論學第一要務」（註二九）。

另外，前面已經提及，早期的「經世學者」基於「適用」的考慮已能接受一些西方的技術。

而馮桂芬除了「輪船」、「火器」及前述的種種西學外，並主張採用西方新式的「歷法」、「海港刷沙法」（挖泥船？）、「農具」、「織具」、「機輪」和其他「可資以治生」和「有益於國計民生者」（註三〇）。

由以上的討論中，可以瞭解馮桂芬所謂的「諸國富強之術」，乃是包括西技和西技所由產生的西學，而其在馮氏思想中，乃居於「輔」的地位，中國的倫常名教才是原本。至於馮氏所欲採用的西學（包括西技），乃是在用的層次上，而且只是包含於用之中而已，用的範疇中仍有許多乃是中國固有之物，這是必須加以注意的。在另一方面，在「導論」曾就所謂的學加以討論，認爲中學的內容與「修德」和日常的待人接物、灑掃、應對、進退有密切的關係，而在清朝「體制教學」（尤其是官定朱子學）的思想脈絡中，三綱五倫之「恭順倫理」既是理（聖人之道）的具體展現，也就是中學的核心。由於他將「中體」核心的倫常名教視之爲「原本」而加以肯定，又把諸國富強之術視之爲「輔」，而對於諸國富強之術的西學（包括西技）加以採用，故可同意至少馮桂芬的『校邠廬抗議』已勾勒出「中體西用」思想的雛型（註三一），甚至將之視爲出現在十九世紀六十年代之初的「中體西用」思想（註三二），也並無不妥。

在認定馮桂芬所謂的「采西學」乃在用的層次之後，有必要再討論其思想的一些爭議點，來檢討前述的論斷。馮桂芬曾謂「法苟不善，雖古先吾斥之，法苟善，雖蠻貊吾師之」（註三三），有的學者認爲此處所謂的「法」包括「政法」與「禮法」，如此一來則馮氏思想似已不宜以「中體西用」論加以定位（註三四）。但是事實是否就是如此呢？先從文脈來觀察，馮氏在此所謂的

「法」，是指「養貧、教貧二局」，而就「制度」層面來考察，實與張灝指出的晚清經世思想「治法」的範疇吻合，並未涉及「根本大法」，也不損及清朝的「皇朝體制」，難以作包括「政法」、「禮法」的推論。同時，對中體核心的「綱常名教」而言，也沒有矛盾，更何況馮氏認爲，此「法」不過「操三代聖人之法」之「末」，乃因「禮失而求諸野」，來主張加以推廣（註三五），顯示其思想未超越「中體西用」的格局。

再就馮氏整個思想體系來看，他認爲自己的主張，雖「羼以夷說」，而「要以不畔三代聖人之法爲宗旨」，中西之見仍然存在。就此而論，也難謂馮氏有超越「中體西用」論之處。

其次，再就馮氏的經世思想理路加以討論，理論上，作爲一個經世學者，若能夠「資以治生」和「有益於國計民生」，也就是說能「致用」的話，只要不損及更高順位的價值，實沒有不採用的道理。而馮氏確實認爲當然「夷務」是國家的「第一要政」（註三六）。經歷「戊午」（一八五八）「庚申」（一八六〇）英法美俄「四國聯軍」的衝擊（註三七），馮氏深感自強的重要性，認爲「自彊而有事則我有以待之」，縱使「無事」也「不爲禍」（註三八）。因此「自強」就成爲馮氏「經世策」的重點之一。由此一認知出發，他認爲「當時諸國同時並域」，而有「獨能富強者」，故應效「法後王」之意而「鑒諸國」（註三九），本來其「經世」思想或可歸結於此，惟馮氏更進一步提出，「如以中國之倫常名教爲原本，輔以諸國富強之術，不更善之善者哉」（註四〇），由此可看出「以中國之倫常名教爲原本」乃是其另一價值所在，更可見其「中體西用」論之立場（註四一）。

從前面的討論中，我們可以發現在馮氏思想中「西學爲用」似乃止於「器物」層面，而其「中體」的範疇則是「倫常名教」，至於「制度」究竟在其思想中屬於「體」的範疇還是「用」的範疇呢？這在馮桂芬的思想中似乎是「模糊不清」，而在中國近代思想史的脈絡中，卻又是深具發展性的。因爲晚清「變法論」成立的關鍵乃在「三代聖人之法」與「西政」有密切的關連，而馮桂芬在施政方法上已承認西方的長處，不過強調以「反求」──以「三代聖人之法」爲宗旨來改良，因此他的思想再進一步，便可能跨進晚清「變法論」的境界（註四二）。不過就其思想本身而言，雖然是透過西方的長處而意識到中國的不足，但是除了有限的技術領域以外，它不是模仿西方的（註四三）。

最後，再以『校邠廬抗議』的主張中，對馮氏「西用」的範疇作一整理，除了前面提及的「歷算之學、格物之理、制器尚象之法」、「海港刷沙法」、「農具」、「耕具」、「機輪」、火器、戰艦和養貧、教貧二局（註四四），並主張「開礦」（註四五），仿外國用銀以方便交易（註四六）等外，另以「禮失求諸野」的方式主張仿「夷人練兵」（註四七）。最後，在此擬討論閔斗基研究馮桂芬思想的意見。他認爲馮氏的「人無棄材不如夷」的說法，是以導入西洋人才登用制度的原理來改革科學制度，「君民不隔不如夷」則是以西洋的議院是下情上達的最好途徑的想法爲前提，至於「名實不符不如夷」則是認爲西洋的官制在能力爲主的考量上較清制爲良，暗示主張改革清的官制和行政體系（註四八）。以馮桂芬主張的內容來衡量閔斗基此一論斷，就可發現其中不無問題。因爲，從『校邠廬抗議』的內容來看，馮桂芬並沒有導入西洋人才登用制度、議會制度等主張。不過，在「西學源出中國說」成形之後以此爲媒介，引進法、政諸西學。則馮桂芬的主張便有被後人更往前推進的可能，這可在本文討論的非主流派「中體西用」論者之思想中看出端倪。

【註釋】

註一：陳旭麓，「論中體西用」，『歷史研究』一九八二年第五期，頁三九。

註二：Etō Shinkichi, op. cit. p. 2。

註三：小野川秀美著，前引書，頁二。

註四：魏源，「海國圖志敍」，『海國圖志』，頁五。

註五：小野川秀美著，前引書，頁三。

註六：魏源，「議戰」，「籌海篇三」，『海國圖志』，卷一，頁一一一。

註七：同上註，頁一一三～四。

註八：同上註，一一五。

註九：同上註，頁一一〇～一。

註一〇：參見閔斗基，前引文，頁一七六。

註一一：魏源，「議戰」，頁一一八。

註一二：參看小野川秀美著，前引書，頁一〇；孫會文，「晚清前期變法論者對西方議會制度的態度和君主立憲主張的形成」，『國立編譯館館刊』，三卷二期（台北，民國六十三年十二月），頁一七〇；陳孟忠，『馮桂芬維新思想之研究』，（台北，台灣大學政治研究所碩士論文，民國六十六年），頁二〇六～七。

註一三：左宗棠，「中允馮君景庭家傳」，見馮桂芬，『顯志堂集』（台北，學海出版社，民國五十六年影印本），頁三，左宗棠指出馮桂芬字景庭。在此乃據『清史稿』的記載，趙爾巽等編，「馮桂芬傳」，『清史稿』（台北，洪氏出版社，民國七十年翻印本），卷四八六，頁一三四三八。

註一四：馮桂芬，「改科舉議」，『校邠廬抗議』（台北，文海出版社翻印本），卷下，頁一二三，文海影印的是光緒丁酉年（一八九三）聚豐坊校刻本。此書自序雖寫於咸豐十一年（一八六一），但其正式刊印在光緒十年（一八八四），西順藏編著，『原典中國近代思想史』，冊二（東京，岩波書局，一九八一年版），頁五一。

註一五：趙爾巽等編纂，前引書，卷四八六，頁一三四三八。

註一六：余英時，『論戴震與章學誠』（台北，華世出版社，民國六十九年版），頁五，余氏認爲馮桂芬是經世學派的中堅人物。

註一七：參閱本文「『體用』論的演進」一節。

註一八：魏源的經世思想可參閱劉廣京，「魏源之哲學與經世思想」，『經世論文集』，頁三五九～三九〇。

註一九：咸豐十一年（一八六一），總理各國事務衙門成立，乃是從「夷務」脫離的一步。參見高田淳，

『中國の近代と儒教』（東京，紀伊國屋書店，一九七五年版），頁三二。而此一轉變在咸豐八年（一八五八）羅惇衍的奏摺上便可看出其一般，賈楨等編，『籌辦夷務始末（咸豐朝）』（台北，國風出版社，民國六十三年版），卷二二，頁四三五。

註二〇：馮桂芬不僅主張接受「西學」，並以「采西學議」列爲『校邠廬抗議』（以下簡稱『抗議』的一篇。

註二一：馮桂芬，「采西學議」，『抗議』，卷下，頁一五一～二。

註二二：「制洋器議」，同上引書，卷下，頁一五五。

註二三：同上註，頁一五六。

註二四：「上海設立同文館議」，同上引書，卷下，頁二一五。

註二五：「采西學議」，同上引書，頁一四八～九。

註二六：「制洋器議」，同上引書，頁一五七～八。

註二七：「采西學議」，同上引書，頁一四九～五〇。在此馮氏指出「一切西學皆自算學出……今欲采西學自不可不學算」，將算學在其所欲採的西學中加以突出。

註二八：同上註，頁一五〇。

註二九：同上註，頁一五一。必須注意在此與註三四中所見馮氏在原有科擧之外別開一科或是另開門徑的主張，固是從前述魏源的主張改變而來，但在魏源的思想中乃是在「武科」中附加一科，而馮氏似是主張在「文科」加開一科，究此而言或正顯出馮氏和魏氏之間西學與夷之長技見解的不同。

重要的是，馮氏的主張一旦採行對「體制教學」具有相當的破壞力，因爲它勢必使得官定朱子學在科舉的支配力減弱，而打破其對科舉近乎壟斷的局面，同時此一主張也大體被以後的「中體西用」論者所承襲，可參閱本文相關各章節。

註三〇：同上註，頁一五〇～一。其中所謂的「海港刷沙法」另可參見同書「改河道議」，卷上，頁六八；另外使用「火輪車」耕墾，見同書「墾荒議」，卷下，頁一九九。同時，在此必須指出馮氏主張採用「西器」的理論，首先他充分表現此乃對西力衝擊的反應和「中體西用」論的思考，他主張「用其器非用其禮（體）」，而且之所以「用之」乃是用來「攘之」，見同書，「制洋器議」，頁一六〇～一。在此處，他並以「輪船」爲例說明如何引進「西器」，他指出「能造能修能用則我之利器也」，如果「不能造不能修」或是不能自己使用，則「仍人之利器」。

註三一：湯其學，前引文，頁六七。

註三二：陳旭麓，前引文，頁三九。

註三三：馮桂芬，「收貧民議」，『抗議』，卷上，頁一〇一。

註三四：參見呂實強，「馮桂芬的政治思想」，『中華文化復興月刊』，四卷二期（民國六十年二月），頁一一。若已涉及「政法」和「禮法」，則「中體」核心「綱常名教」的「恭順倫理」之優位性便被打破，而不復屬「中體西用」論矣。

註三五：馮桂芬，「收貧民議」，『抗議』，頁一〇一～三。

註三六：「善馭夷議」，同上引書，頁一六二。値得注意的事此時太平天國仍未消滅，馮氏的「國家以夷務爲第一要政」之看法，或可說是獨特的見識，在另一方面則又顯出其與當時部份洋務派官僚引用「西器」乃在對付太平軍的見解有所不同，如李鴻章認爲「若火器能與西洋相埒，平中國有餘」。見李鴻章，「上曾相」，『朋署函稿』，卷三，頁一六b～一七a，『李文忠公全集』（台北，文海出版社，民國五十一年版）。此一差異當與洋務派大員當時身任「勦賊」重任有關，不宜過度推論。

註三七：雖然一般近代史研究者皆稱之爲英法聯軍，事實上乃英法美俄四國採取同一外交立場，而由英法出兵，故稱之四國聯軍似較爲允當。可參考李定一，『中美早期外交史』（台北，傳記文學出版社，民國六十七年版），頁三三二及郭廷以，『台灣史事概說』（台北，正中書局，民國四十七年版），頁一四九～五〇。

註三八：馮桂芬，「善馭夷議」，『抗議』，卷下，頁一六五～六。馮桂芬在此也已認識到前述四國合作的狀態。

註三九：「采西學議」，同上引書，頁一五一。

註四〇：同上註，頁一五一～二。

註四一：姑且不論馮氏在「社會化」（受教育）的過程中，應已建立對社會價值一定程度的認同，而「體制教學」所欲達成對倫常名教（恭順倫理）價值的肯定，對馮氏也應有一定程度的影響（馮爲道光二十年（一八四〇）進士）。無論如何，不管是有意識或是無意識，他以「中國之倫常名教爲原本」的主張，正透露其對當時社會公認之「倫常名教」的擁護，而限制了其所主張引進「西器」的範圍，「中體西用」論之立場於是呈現。

註四二：參考小野川秀美著，前引書，頁一五。

註四三：M. C. Wright 對馮氏思想的說明是十分值得參考的：「馮桂芬比張之洞著名的格言『中學爲體，西學爲用』佔先了一代（三十年）。馮並不天眞地認爲中國簡單地引進技術便可應付西方的挑戰。反而，他已領悟到十九世紀西方社會內部力量對其技術的貢獻，他主張對中國本身文明的再檢視，並且以中國的資源創造一個強大的近代中國。這的確是自西方學來的，但是，除了在有限的技術領域外，它並非模仿西方。」M. C. Wright, <u>The Last Stand of Chinese Conservatism: The T'ung-chih Restoration, 1862-1874</u> (Stanford: Stanford University Press, 1957), p.65。

註四四：此馮氏乃以「三代聖人之法」的託古爲媒介加以接受，主張「宜飭郡縣普建善堂，與義莊相輔而行，官爲定制」，見「收貧民議」，『抗議』，頁一〇二～三。

註四五：「籌國用議」，同上引書，頁九三～四。

註四六：同上註，頁九一；同書「用錢不廢銀議」，卷下，頁一七一。

註四七：「制洋器議」，同上引書，頁一五五～六。

註四八：閔斗基，前引文，頁一七九～八〇。

第三節　前期洋務派與「中體西用」思想

自咸豐十一年（一八六一）展開的洋務運動（自強運動）主要推動者，是北京的恭親王奕訢、大學士文祥和地方的督撫曾國藩、李鴻章和左宗棠等人。而此一運動的基本精神，則是魏源在『海國圖志』所提出的「師夷之長技以制夷」（註一）。至於洋務運動的基本目標則源自一個概念：承認西方的物質成就，但仍想保持傳統的文化遺產（註二），也就是說僅希望導入歐洲近代工業技術，並藉此來補強既有體制，而在實際上，則是以軍事方面的需要爲中心推動工業化（註三）。許介鱗的研究更指出，洋務運動是以「中學爲體，西學爲用」之論理爲基礎，希望導入器（用）以補強道（體）（註四）。以前述諸說作爲討論的基礎，在此擬選擇自咸豐十一年（一八六一）洋務運動展開以後，主要的代表人物曾國藩、李鴻章，以及與洋務派大官僚關係十分密切且思想又具有相當代表性的郭嵩燾、薛福成、馬建忠諸人的主張，重新檢視前期洋務派與「中體西用」思想的關係，並著重其有關西用範疇的討論。

一、曾國藩、李鴻章

曾國藩與李鴻章是中國近代史上公認的洋務派要角，而且都是清朝「體制教學」籠罩下科舉考試的勝利者，曾是道光十八年（一八三八）進士（註五），李則是道光二十七年（一八四七）進士（註六）。雖然鴉片戰爭已經打開了中國閉鎖的門戶，但他們對於洋務的關心與推動，則主要以太平天國之亂爲契機。

由於太平天國之亂的經驗，曾國藩認爲借重「夷力以助勦濟運」，不僅可以「紓一時之憂」，將來若「師夷智以造礮製船」，更「可期永遠之利」（註七）。同時他也超越了魏源對西方長技的認識，提出「翻譯」是「製造之根本」，與「洋人製器出於算學」的看法（註八），主張引進西學和西技。其後在「擬選子弟出洋學藝摺」中，他指出西人「於軍政船政直視爲身心性命之學」，主張派學生「赴泰西各國書院，學習軍政、船政、步算、製造諸學」（註九），這比起魏源學習西技的方式，不僅表現出其對西技背後西學的重視，而赴書院學習製造諸學的意見，也表現出與魏源式精兵巧匠學技的不同態度。

曾氏一方面主張引進西學與西技，在另一方面則對「名教」十分重視，認爲「自唐虞三代以來」，「歷世聖人」都是「扶持名教，敦敍人倫」，而「君臣父子，上下卑尊，秩然如冠履之不可倒置」（註一〇），表現了他對中體核心綱常名教的擁護。對他而言，「禮」不僅是指禮儀與德性而已，也指涉制度與政法；不僅爲修身處世之模範，也是治國經世的南針（註一一）。基本上對以宋儒而成爲經世名臣的曾氏而言，在不違悖禮（理）的前提下，應經世之需而引進西用是可以接受的，例如他主張採購西洋機器來挖泥（註一二）。此種將綱常名教，尤其是禮，居於優位，而引進西學（包括西技）的主張，充分表現了「中體西用」思想的特性。至於其所推展的洋務則大致上可歸納成「製器、學技、操兵」和派遣留學生四項，而其中有許多是與李鴻章共同推動的（註一三）。

李鴻章在洋務運動剛展開之時，便是主要人物之一，而後又擔任北洋大臣達二十五年之久，可以說是洋務運動重要的計劃者兼執行者。因此，他的思想具有比同儕強的實踐力，而他也成爲洋務運動理念的重要實踐者，在中國近代思想史的脈絡中，有其不容抹煞的地位。由於他的思想也隨著時間有所轉變，故擬以同治十三年（一八七四）、光緒二十年（一八九四）爲二個分界點，將李鴻章的「中體西用」思想分爲三個階段來探討。在此之所以取光緒二十年和同治十三年作爲分界點，乃因爲前者係中日甲午戰爭之年，其後中國近代思想史的發展已進入另一個時期，又由於學者們討論洋務運動時，發現隨時序先後有由軍事工業再擴大到其他工業的現象，故參考李鴻章的主張，選取後者做另一個分界點（註一四）。又因爲李鴻章的主張偏重於西用的範疇，故此一探討依史料的偏向著重於西用方面，再藉此連帶地了解其中體的範疇。

㈠第一階段

由於和常勝軍並肩作戰的經驗，同治元年十二月（一八六三）李鴻章已認識到西洋火器的威力，主張向之學習。此時他似乎僅將西洋火器視爲長技，而未正視西學的存在（註一五）。不過就在同治二年（一八六三）正月，他已經同意馮桂芬在上海、廣州設置語言文字學館的建議，希望藉此培養洋務人才，並引進西學，以求逐漸通曉輪船、火器的技巧（註一六）。這意味李鴻章已經認識到西學的存在，而不是僅將西方的輪船、火器視爲單純的技而已。到了同治三年（一八六四）春，他主張：中國要自強，必須學習外國利器，尤其是製造利器的機器，而爲了覓「制器之器」與「制器之人」，可以專設一科取士（註一七），這對李鴻章而言，無異於承認西學與官定朱子學一樣可以成爲科舉考試的一環。而此一意見如果付諸實行的話，雖然僅是既有體制內溫和的改革，卻足以造成「體制教學」籠罩面相對地減小，這對藉著「體制教學」達成社會化的中體核心——三綱五倫之「恭順倫理」，可能會有所損害。值得注意的是，此一意見是李氏在致總理衙門的正式函件中提出，與一般私人議論在實際功效上自不可同日而語。同年九月，李鴻章主張更徹底採用西方利器，認為應該「廢盡弓箭，專精火器」，並摒除海口的各項艇船、師船，而模仿成立外國船廠，購買西洋機器，以循序研造各型艦艇（註一八）。至遲在同治四年（一八六五），李鴻章已經知道西洋機器有裨於日用民生，但他卻沒有引進的傾向，而僅強調軍事方面的機器製造，認為這是「禦侮之資，自強之本」（註一九）。這或許可以說明同治初年李鴻章所主張引進的西技和西學，僅限於軍事方面而已。

在同治十一年（一八七二）寫給曾國藩的信中，李鴻章指出當時中國「但有貝之財，無貝之才，不獨遠遜西洋，抑實不如日本」（註二〇）。同年，李鴻章已經注意到船炮機器之用「非鐵不成，非煤不濟」，並企圖擺脫軍事工業原料供給上對外國的依賴（註二一）。基於此一需求，也為了「使我內江外海之利，不致為外人占盡」，李鴻章主張官設招商局，並招徠依附在洋商名下的「各商所有輪船股本」（註二二）。此一招徠各商股本之舉，已顯示了洋務運動的推展必須面對籌款問題，為解決此一問題，李鴻章主張學西法以求富（註二三）。在同治十二年（一八七三）的海防論中（同治十三年？），他便將商務建設放在籌款項目裏，也就是說其商務動機乃是為了支持洋務運動的財務需要（註二四）。

在同治十三年（一八七四）的「籌議海防摺」中，李鴻章除了批評八股取士，承繼其同治三年（一八六四）的看法主張「另開洋務進取一格」以外，並積極地引進西學，認為只要是海防省分均宜設立洋學局，並在「有切於民生日用、軍器製作之原」的需要上，分設「格致、測算、輿圖、火輪、機器、兵法、礮法、化學、電氣學諸門」（註二五）。他在此十分清楚地表達所欲引進的西學，更重要的是所以要引進它們，除了它們是軍器製作之原以外，也因為它們有裨於民生日用，這與同治四年（一八六五）僅注意軍事方面的機器製造相較之下，有相當的差異。

從同治年間李鴻章主張引用的西用範疇之演變來看，可以發現其西用範疇的擴大。起先他僅主張學習西方的利器，並認為這些利器僅是技而已，而後認識到西技背後西學的存在，設立語言文字學館便是希望培養洋務人才和引進西學。在同治四年（一八六五）他雖已進一步認識到西器有裨於日用民生，卻並不在意。直到同治十一年（一八七二）以後，由於希望取得在軍事工業原料供給上一定程度的自主權和支持洋務運動的財政需要，他才開始注意到學西法以求富，主張擴大西學的引進，並推動一些商業建設（註二六）。誠如他在光緒三年（一八七七）的回憶中所指出：自海防議起，便「即瀝陳煤鐵礦必須開挖，電線、鐵路必應仿設，各海口必應添洋學格致書館以造就人才」（註二七）。此一回憶不僅說明他在同治十三年（一八七四）左右所主張引進的西用範疇，也點出他在下一階段的努力方向。

㈡第二階段

繼續前期的發展，光緒元年（一八七五），李鴻章再次強調輪船與海防的關係，主張「勸民自置」輪船，平時可運客、貨，戰時則可裝載軍火援兵，既可「借紓商民之困」，也可「作自強之氣」，認爲輪船招商局成立後，「中國輪船可期暢行，實爲海防洋務一大關鍵」（註二八），充份表現了李氏由強兵的需要而擴展到富國之引進西用傾向。基於類似的考慮，他在翌年主張「購機器紡織」，以期在英國洋布大量輸入中國的情況下，能「漸回利源」（註二九）；並且主張就西方「取資煤、鐵、五金之礦、電報、信局、丁口等稅」等措施中，審度時勢，擇其至要者，逐漸仿行，以求富國（註三〇）。當然李鴻章思想中西用範疇的擴大，並不意味著不再重視其原有範疇。舉例來說，就在此時，由於中國仿造西方器械，縱使已能自製，也多止於「循規蹈矩，不能繼續增長」，只要「西人別出新奇，中國又成故步」，因此他再次強調必須學習「西洋製造之精」所源本的測算格致之學（註三一），至於船堅礮利的追求，就更不用說了。

在光緒三年（一八七七），他指出「泰西各國專以商務立富強之基」，因此對「本國輪船，莫不一力保護」，認爲中國應該仿行，以維持招商局（註三二）。而在光緒六年（一八八〇），李鴻章更明白說明了商務與洋務運動的關聯，認爲「欲自強必先裕餉」，而「欲浚餉源莫如振興商務」（註三三）。同年，當劉銘傳以軍事爲主要理由，商務次之，主張興建鐵路時，李鴻章立刻大表支持，並列舉大半冠以軍事和財政外表的九大理由（註三四），這與光緒三年（一八七七）認爲建「鐵路須由開煤鐵做起」的緩進主張（註三五）相較之下，顯然積極許多。而在光緒十五年（一八八九），他更進一步主張借外債以充興築鐵路的經費，積極地推動鐵路建設（註三六）。

李鴻章這種由強兵的需要而採行的富國措施，在他此期的主張中相當普遍，除了前文曾經述及者外，尚有鈔法和一些民生工業。在光緒十一年（一八八五），爲了籌措財源以方便周轉，李鴻章便主張由「戶部用洋紙仿洋法精印鈔票」，可用來「完納稅釐錢糧」（註三七）。而當西洋火柴在華銷售量「幾於日增月盛」時，李鴻章在光緒十七年（一八九一）便認爲應該「勸諭華商，集貲購器，設局自行製造」（註三八）。

從前述的討論中可以得知，李鴻章此一階段引進西用的主張中，除了繼續船堅礮利的追求外，商務建設也是其中重要的一環，故有必要在此討論其有關的主張。

根本上，李鴻章對於近代商務的重視，乃是導因於其所主持的洋務運動的需要，而他在推動商務時，所謂的「商營」，乃是「官督商辦」，其範圍則不僅是藉政府力量創辦的輪、礦、路、電四大政而已，連一些民生工業也包含其中（註三九）。而且在光緒十三年（一八八七），他便已認知到進出口貨應有不同的稅率，並應利用關稅來保護本國的工商業（註四〇）。值得注意的是，李鴻章系統的「官督商辦」企業常常得到優惠的待遇，在一方面固可視爲扶植民族工商業的有效手段，從另一個角度來看，此一優惠待遇如果是富有爭議性的對內壟斷特權，也許反過來正足以妨害民族工商業的成長，被一般人視爲主要輕工業的紡織工業卽是其中一端（註四一）。

在此一階段中，李鴻章爲了矯正各省意見不一和購造船械規格不一的問題，主張「參考西國海部成例」，專設海軍衙門（註四二）。此一論點，無疑是屬於制度層面的改革，也代表著李氏思想中的西用範疇已經包括了部份的政治制度。

㈢第三階段

與一般人認識較爲不同的是，李鴻章最晚到光緒二十四年（一八九八），已經對六部的改革和科學的改革有很深的關心，這當然有承繼「籌議海防摺」主張而開展的一面，但他在戊戌變法後將自己視爲康黨，則更表現了其制度改革的傾向（註四三）。不過如因此將李鴻章與「變法論」者並論的話，不免有言過其實之嫌，因爲沒有證據可以說明他的改革主張已經超過有限的行政重組及採用西法以增補中國的結構之外（註四四）。

總結李鴻章思想中西用範疇的演變，可以發現他起先著重的僅是如何引進西方的船堅礮利和與此相關的西學，而後擴大及於與軍事方面相關的建設，以及因爲支持洋務運動財政需要的富國事業，而在戊戌變法後更表現出對中央政府組織改革的傾向。換句話說，他思想中西用的範疇最早僅有軍事層面的練兵、武器和工業，而後擴大及於與軍事相關的輪、礦、路、電四大政（當然也有富國的意味）和基於提供洋務運動資金的富國建設（包括民生日用的工商業），最後也包括了部份的制度層面。對照來看，李鴻章的中體則隨著西用的擴大而縮小，最後應還包括綱常名教之「恭順倫理」以及根本的政治體制。

而從前面的討論看來，李鴻章採用西法的主張，雖也有涉及政治制度層面的情事，不過整體而言，其採用西法的內容根本的重點仍應屬器物層面，尤其是自強運動的重心所在的軍事問題。

二、郭嵩燾

在洋務派官僚中郭嵩燾可以算是異數，死後雖有權傾一時的李鴻章奏請「宣付史館立傳」，「籲請特旨賜諡」，卻因對「西洋」的認識超過同儕，死後仍不得時人見諒，而不准立傳賜諡之講（註四五）。雖然他的言論在近代思想史上的地位頗值得注意，不過在當時的實踐力似乎就相當有限。根據瞭解，有關郭氏的一手史料最近大量出版，其中郭嵩燾日記對瞭解郭氏思想而言，提供一些新的材料，然而，由於能力和時空限制，在此未能運用，希望有機會再作補充（註四六）。

由於郭氏的思想在同儕中有相當的特殊性，而根據旣有的研究成果，郭嵩燾的思想與「中體西用」論的關係究竟如何，也是一個相當爭議性的問題（註四七）。因此有必要先釐清其思想與「中體西用」論的關聯。

㈠中體與西洋立國自有本末

郭嵩燾在道光二十七年（一八四七）考取進士（註四八），對「體制教學」自然有所瞭解，而且早年他曾與曾國藩、劉蓉在嶽麓書院中同究理學（註四九），終其一生推崇程朱之學，曾批評王闓運不尊程朱（註五〇）。將他的思想置於官定朱子學的脈絡中，認爲他肯定中體核心三綱五常的不變性，應無異議才是。

但是，他一生服膺的王夫之，卻是以「無其器」就「無其道」的思想爲人所習知（註五一），而此一思想在清末又曾被譚嗣同用來攻擊「中體西用」論，加上郭嵩燾又曾倡言「西洋立國，有本有末」（註五二），不免令人懷疑其是否肯定中體的不變性。

在處理此一問題時，可以從兩個方向來討論，一是從王夫之的「道器」思想著手，另外則可由郭嵩燾的思想理路著手。以王夫之的「道器」思想而言，道與器之間有迥然不同的兩種結構，前述的道是器之道，而器不可說是道之器的見解（註五三），是王夫之『周易外傳』系統的思想，而與此不同的王夫之『周易內傳』系統的思想，則為一般人所忽視。在後者的思想脈絡中，王夫之認為道可離器而存，而主張「變者，用也；不變者，體也」（註五四），就此而言，與官定朱子學的思考模式相類，與「中體西用」論也頗能相契。重要的是，那一種態度與郭嵩燾的思想理路較為相合呢？從郭氏論學中，可以發現他對與『四書大全』、『五經大全』合稱三大全的『性理大全』極端推崇，認為王氏之學的精華乃在『讀性理大全』（註五五），由此看來，郭氏心目中王夫之思想的精華與官定朱子學系統並無明顯的矛盾，故不能僅因為王夫之『周易外傳』中的「道器」論成為以後變法派的重要理論根據，推論郭嵩燾的思想已跨出「中體西用」論的格局（註五六）。同時，根據吳鵬翼的研究成果顯示，郭氏對於中國政治建立在宗法禮教的社會之上，似乎並無異議，而且他對固有倫常也抱持維護的態度（註五七），由此似也看不出其對中體的突破。因此下面將討論郭嵩燾主張學習西法的內容與方式，並藉此來檢視其思想的定位。

㈡西用主張

郭嵩燾在咸豐年間便認為魏源在『海國圖志』中的見解，「歷十餘年而其言皆驗」（註五八），而主張對於造船製器等事宜如法仿照，並強調禦夷之道，必須通夷情，熟悉其語言文字（註五九）。而至遲在同治四年（一八六五），當郭嵩燾在與英國領事討論製造輪船之法時，便已由彼處得到「由商任之」的概念（註六〇），此一概念與當時洋務派大官僚如曾國藩、李鴻章等人由官方力量來推動洋務建設的主張相較之下，已有相當的差異。在同治五年（一八六六），郭嵩燾更在學海堂中設有十名專課生，學生除了治經史專集以外，並須加治「算學」一科（註六一）。由於郭嵩燾與曾、李地位不同，並非洋務運動的主要推動者，因此在實際引進西器的成就上，無法相提並論。但是，他所認識的由商人來推動部份洋務建設，在當時已是相當前衞的思想。而一般學者也認爲郭氏的此一主張的發展對一八七〇年代「洋務論」中的富民思想而言，有開風氣之功（註六二）。

光緒元年（一八七五）的「條議海防事宜」，是研究郭嵩燾思想的重要史料，在此他表現了獨特的見解，認爲就自強而言，「行之必有其本，施之必有其力」，在此所謂的本就是「正朝廷以正百官」，以及「大小之吏擇人而任之」，至於學習西方的造船、製器方面，他則承繼了同治年間的見解，並加以發揮，認爲應該「師洋人之所利以利民」，而「令沿海商人廣開機械局」，並且在製造輪船方面，認爲應該由商人公舉的人選，出任負有管理之責的「市船司」長官（註六三）。雖然，由商人辦理造船、製器可視爲從同治年間以來郭氏的一貫見解，但是由於同治以來，造船製器實際上均由官辦，所以此一主張，具有其時代意義（註六四）。而他將傳統式內政的整飭視爲自強之本的見解，相對於李鴻章等人當時著重於西方船堅礮利與工商建設的洋務派意見主流而言，似已指出了以後著重內政改革的歷史趨勢。

同時，他指出西洋「通國士民一出於學，律法、軍政、船政，下及工藝，皆由學升進而專習」，主張先「究知其國政、軍政之得失，商情之利弊」，始能「知洋人之情，而後可以應變，能博考洋人之法，而後可以審機」，再「師其用兵製器之方」，並派「中國學生赴西洋學其法度程序」；同時他還認為「西洋立國，有本有末」，西方的政教是「本」，「商賈」則是「末」，至於「造船製器」，不過是「相輔以益其強」的「末中之節」而已（註六五）。在此他雖然已經提出西洋本身自有本末的看法，但卻沒有主張學習西方立國之本。而將中國式的正朝廷以正百官與大小之吏擇人而任之視為自強之本，且沒有提出在制度層面採用西學的主張，因此，他的見解似是將中國式的內政改革，置於優先順位的本，而後再注意到西洋自身的本末，至於洋務運動重點的造船、製器則視為末節。他的此一思考模式具有相當的發展性，就思想的架構而言，與以後鄭觀應在『盛世危言』中的看法相類（註六六），而就其重視內政改革來看，似已指出以後歷史的趨向。當然，要如何從郭氏此時中國式內政改革，發展到引進西學（政）來改良中國內政，是中國近代史脈絡中的一大問題。

至遲在光緒二年（一八七六），郭嵩燾便已經主張中國應開煤、鐵礦，造鐵路（註六七）。同年，他也認為應該建立使臣選派的制度，並主張洋人在「州縣地方滋事」，則應「依中法辦理」（註六八）。十月十八日（十二月三日），他由上海啓程出使英國（註六九），使得他有機會進一步瞭解西方。

第二年春，他在致李鴻章的一封長信中，表達了他對洋務的意見。其思想架構雖沒有重大突破，對交通的重要性則有所體認，主張：仿行「可以立國千年而不敝」的鐵路、電報，並採用機器開礦。並以日本留學生為例，認為「兵者末也，各種創制，皆立國之本也」，然而他所欲學兵的中國留學生改學的，乃是「相度煤鐵及煉冶諸法，及興修鐵路及電學」（註七〇）而已，而非屬制度層面。翌年，他並主張由招商局負責鑄造洋銀圓，勿使洋商享有大利，同時並轉達英人之意，與沈葆楨商量在上海建立「博物院」（註七一）。他並積極主張派人參加萬國刑罰監牢會，使中國能多加入國際活動（註七二）。郭氏並主張中國應當設立領事，以保護管理中國在外的商民，同時為了執行「交涉事宜」有所依循，認為「應明定章程」（註七三）。他並以為應該參考各國的「通商法律」，纂成通商則例，使「辦理洋案」能夠有所根據（註七四）。他也參加「會議萬國交涉之法」，表現他對萬國公法的重視（註七五）。對於英國的司法審判，他也曾表示欣賞（註七六），並主張仿行西洋的學校制度，循序由「通商口岸」至「縣鄉」加以推廣，以講求「徵實致用之學」（註七七）。基本上，郭氏在出使英國以後，其思想中的西用範疇除了軍事範疇的船堅礮利，以及開煤、鐵礦，興建鐵路、電報以外，對於駐外使節（此時已包括領事）、國際公法、通商例則等外交範疇的西用也主張加以採用，同時也隱含著酌量引進西方國內法的可能，重要的是他已經明白主張循序推廣西洋的學校制度。無論如何，郭氏在使英期間，對西方雖已有進一步的認識，但是其思想所欲採行的西用範疇並未擴張到足以破壞「中體西用」思考模式的地步。

由英回國後，除了枝節地在治河方面，主張講求「西洋開河機器及疏挖消土之方」（註七八）以外，主要乃是企圖實踐其所欲採行的西法，尤其對商務益形重視。他在湖南大力主張「開放口岸，廣通商務為興湘第一義」（註七九），試圖辦理商輪（註八〇）。不過在張之洞與李鴻章爭議如何建造鐵路時，或許由於對張之洞等清流黨的夙怨，他除了持續強調富民以外（註八一）

，對於張之洞建造鐵路的計劃大加反對，認為鐵路「暫必不能行」，或則只能「小試之，徐徐推廣」（註八二），與其一貫主張似有所差異。但是，其基本主張並未改變，依然強調風俗人心才是本，「通工商之業，立富強之基」乃是「末」（註八三）。而在「鐵路後議」中，他也再次肯定鐵路的重要，認為「泰西徧國皆機器」，「中國必宜效者」，主要是電報和汽輪車，認為電報可以「國家之力任之」，而「汽輪車者有事徵兵轉餉」，「無事以通商賈之有無」，不能「專以國家之力」任之（註八四）。

無論是否因為夙怨而對張之洞在兩湖推動的建設表示不滿，郭氏在晚年對以官方力量「創置器械，推行之各省」有所批評，認為「竣民之擇而從焉可也，不足上煩大府之經畫」，而國家必須努力的，則在「廣開西學館，使民稍服習其業，知其所以為利，庶人心所趨，自求之而自通之」，只要「日久必能收其久效」，而再次強調「紀綱法度，人心風俗」是本，如果舍本「而言富強」，只是「益其侵耗而已」（註八五），並且以為「（西洋）舟車行遠及開設滙行」，「自國家下及民商通任之公司」（註八六）。郭嵩燾在此的思想，可謂是反對與民爭利，也不甚同意在「人心風俗」難以接受之際，推動新式工商業，而主張由「西學館」來從事開民智的工作，這固然在某種意義上是強調從根本作起，不過從另一個角度來看，過份強調文化條件，而忽視引進西用的觀點，無異於從官方主持的仿習西法（尤其是新式工商業）運動中退卻（註八七）。不過我們必須注意，這一觀念的出現並不突兀，它在郭氏思想自身中自有脈絡可尋，因為郭氏自始即強調內政才是「本」，仿行西法不過「末」，而此一先後順位，可以說是注意到環境對學習西方技術的成敗有相當的關聯，此一態度一方面可能發展出改革制度的思想，但是另外一方面在現實上則可能使學習西方技術的順位往後移到較不重要之處（註八八）。

三、薛福成、馬建忠

薛福成與李鴻章的關係十分密切，李鴻章的許多言論出自其手。而其思想也可代表以李鴻章爲中心洋務派的見解（註八九），當然其出使以後，隨著對西方瞭解的增加，意見也有所改變（註九〇）。

光緒元年（一八七五）的「應詔陳言疏」，可視爲薛福成出使前思想的重要代表之一，在此他並沒有踰越沿襲成法的所謂除弊論的範圍，也似乎繼承了同治元年底（一八六三）蔣琦齡的「應詔上中興十二策疏」的系統，在另一方面，他則強調對海防的重視，而爲了強兵必須富國（註九一）。他與李鴻章一樣，主張採用西方的「船堅礮利」是十分自然的，同時由於他特別強調海防的關係，對於輪船的採用便顯得較爲特殊。

爲了培養洋務人才，他主張另開一科取士，而爲了引進、製造西器的需要，他主張學習「西人器數之學」，並「訪中國之巧匠」，帶赴外洋學習，對於能超越「洋人成法」而「別出心裁者」，則主張優給獎敍，也可仿照西法，給予類似專利權的「世言其利」。同時，他並對當時的官營造船廠的方式提出改良的意見，認爲一方面應該「訪上等兵船之式，專精倣造」，另一方面商民只要願意「繳造價，公置輪船者」，便可允許「赴局專造輪船」。不僅如此，他並以「欲籌禦外之規，必先操裕財之本」的理由，來推動富國事業。其中特殊的是，他有增加出口稅之議，以爲「茶稅暗增，茶價亦昂，顯取緒內地之民、實隱收洋人之利」。不過在當時中國茶並未壟斷海外市場的情形下，出口成本提高，將增加競爭的困難，甚至影響市場佔有率，未必眞能符合他的希望。同時他也主張採用西方「開挖之器，與中國永遠之利」，從事開礦，其方式分「官採」、「商採」兩種，而所謂的「商採」並非純然商辦，而是「仿淮鹽招商之法」，加以辦理。他並認爲應招致西洋的人才，在中國教練船務人才，同時「選沿海勤敏子弟，送入西船，俾習各司」，注意到船務的專業。在此他也主張應該購買新式的鐵甲船。在對外交涉方面，則主張「條約諸書宜頒發州縣」，使有所遵循，尤其應當採用萬國公法爲主要憑據（註九二）。

光緒四年（一八七八），他認爲「泰西諸國競富爭強」，所倚賴的是「火輪舟車」，而中國採用「輪舟」既有成效，便應該進一步建造鐵路。並主張如果不行「輪車之制」，中國終不能富強。對薛福成而言，火車的速度遠比驛站快捷，既可用「西法經營」民間的郵件，也可加快文書的速度，因此不僅獲利甚溥，亦「可稍裁驛站，以協濟鐵路之費」。而且鐵路廣開之後，平時可以方便南北貨流通與輔助海運，必要時也可便利軍餉轉運與調動軍隊。同時，他也主張以集商股籌集的方式，提供興築鐵路的經費（註九三）。由此可以發現：薛福成主張興建鐵路基本上乃是基於富國的考慮，這從其鐵路經費的籌措與經營的方式都可看出端倪。

在光緒五年（一八七九）提出的『籌洋芻議』，薛福成的「中體西用」思想明顯地表現出來：主張「取西人器數之學以衞吾堯舜禹湯文武周孔之道」，而後「其道亦必漸被乎八荒，是謂用夏變夷」（註九四），在此顯露出其思想文化帝國主義的傾向。同時由於眼見西人在治外法權的庇護下，無法管理，遂主張成立專門衙門，「遴選幹員及聘外國律師各一人主其事」管理所有的「華洋訟件」，而「通行之法」，如不能「參用中西律例」，「專用洋法也可」，認為「華洋交涉之事，本與中國自治之法不同」，為了「使洋人難逃法外」，而華人也可享有與洋人同樣的待遇以「避重就輕」（註九五），無論如何，薛福成在處理「華洋訟案」時已經主張法律的普遍原則。

而在獎勵工商方面，薛福成由於注意到「西人之謀富強也，以工商為先」，既然「不能禁各國之通商」，中國便必須自理商務，因此，他對「人人欲濟其私」從事商務的態度也表示肯定，認為「惟人人欲濟其私」，「而終公家之大利」，此一對人欲的肯定，是十分值得注意的，它與當時官方意識形態也是「中體西用」理論基底的官定朱子學「存天理，去人欲」的思想有嚴重的矛盾，也可能威脅到理的絕對性，不過在他的思想理路中，明顯地並未意識到此一矛盾，對人欲問題在理論上也未作進一步論述。另外，他主張改善招商局的壟斷經營方式，認為應該准許商人開設，而「無論盈虧得失，公家不過問」，就此而言，他的思想與洋務運動前期的官方態度已有所不同。而對於過去絲茶加稅的主張，雖沒有修正為效法西洋「減免本國貨物，以暢其銷路」，但已認為「不宜加稅」，並且主張「購備機器紡花織布」，對「能招商股自成公司者」，加以獎勵，並在「創辦三年之內，酌減稅額」，以提高投資意願（註九六）。由此觀之，他的思想與近代經濟理論中促進投資的方式頗為相似。同時，在礦業方面，他主張派冗兵進行「礦屯」，認為「推而言之富一方可富天下」（註九七），此一見解對於其他改革思想家（如王韜）有所啓發。

而為了保護僑民和籌措造船的費用，他主張派「兵船至各埠遊歷，名為保護」，並向華僑募集建船養船費用（註九八），這種以護僑為名，派兵船至各埠遊歷的舉動，似有十九世紀歐洲帝國主義國家的行動方式的意味。

在「變法」中，薛福成歸納了其思想西用的範疇，認為「商政、礦政宜籌」，宜與「火輪舟車、電報」，「約章之利病，使才之優絀，兵制陣法之變法」應該加以講求（註九九）。他除了以強弱優劣的比較來接受「西用」以外，並且主張西人的長處並不是其所「獨擅」，認為「假造化之靈，利生民之用，中外所同也」，西人只是「偶得風氣之先」而已，以為西人的「長技」乃是「天地將洩之秘」，而並不以「西用」為西洋所獨有，主張中國應該加以採行（註一〇〇），由此一思想發展出他所明指的「西法為公共之理說」（註一〇一）。

而他對於當時的八股「制藝」，雖頗有批評，認為「為今之計，其必取之以徵辟，而試之以策論」，並「黜浮靡，崇實學，獎薦賢」，以「去一切防閑，破累朝積習」，希望如此「可以得人」（註一〇二），不過他的立場仍是「宜開特科」，並沒有根本改革的意圖（註一〇三）。

在大致掌握以「應詔陳言疏」及『籌洋芻議』為重點的薛福成思想之後，接著擬再討論一八九〇年代其思想的開展（即其出使後之思想，前已述及者不贅述）。

前已提及他在光緒十五年（一八八九）出使之後（註一〇四），由於親身的體驗，已經轉向同意郭嵩燾對西方政治民風的讚美。他認為「西洋各邦立國規模以議院最良」，其中「英德兩國之制頗稱盡善」（註一〇五），在另一方面，他認為專制的俄國「國政寖久亦必改變」，而與英法德等國相同（註一〇六），或許他有暗示「議院」乃時勢所趨的意味，不過並沒有明言主張採用，而且他心目中所認知的議院究竟是何種狀況，也是無法瞭解的事情（註一〇七）。

薛福成對於海外的「華民」十分注意，主張「仿西人之法，早為設官保護」，當清廷「以費絀不願多設」時，他甚至誇張地指出「是中國有可富可強之機而不知用」（註一〇八）。他並強調領事、使才的重要性，並注意駐外使節之權，同時也承續前說，主張「兵船遊歷」（註一〇九），以為應「撥兵船保護華民」（註一一〇）。

他並認為非不得已不「用攻戰守」，以當時「圖立國之本」，當然必須「致意於槍之靈、礮之猛、艦之精、台之堅」，不過他也更進一步提出「籌此數者之本原」乃在「修內政、厚民生、濬財源、勵人材」（註一一一）。而由中國所訂購船礮的製造過程中，他對專業分工之後器械愈精狀況，有所注意，並認為「西人不過略師管子之意而推廣之」（註一一二）。薛福成並積極主張「用機器以造物」，會有「利歸富商」的現象，不過權衡「利歸富商」與「利歸西人」，他提出「利歸富商則猶在中國」，還「可分其餘潤，以養我貧民」（註一一三），似乎有扶植民族資本家與西商抗衡的意味。薛福成在注意到泰西「以工商立國」之後，認為「大較恃工為體，恃商為用」，而「工寔尚居商之先」，因此主張「振百工」，為達此一目的，他認為「必先破去千年以來科舉之學之畦畛」，使「朝野上下皆漸化其賤工貴士之心」，而此「是在默窺三代聖人之用意，復稍參用西法酌用之」，希望由此能「風氣日變，人才日出」（註一一四），也表現出其對「工」的重視。不過這並不意味著，他對「商」的重視不如「工」，因為他甚至有商人為「四民之綱」的論調（註一一五）。而爲了振興中國工商業，他對「公司」組織十分重視，認爲「公司不舉則工商業無一能振」（註一一六）。

薛福成出使外國以後，對西洋的認識更進了一步，對於郭嵩燾對西洋國政民風之美的看法，也能夠接受（註一一七），不過如同筆者在前面所指出的，對於西方此一優點存在的認知，未必會影響「中體西用」思想的格局（註一一八），他認爲「道德之蘊，忠孝之懷，讀書之味」是「體」；而欲「致用」，「必求洞達時勢之英才，研精器數之通才，練習水陸之將才，聯絡中外之譯才」，最好能「體用兼賅」，而「體少用多」則是其次（註一一九），由此可見其對西用的重視。

因此，薛福成雖然承認西方的「西洋各國經理學堂、醫院、街道，無不法良美綽，有三代以前遺風」，甚至於基督教也「爲心不甚背乎聖人之道」，「一切政教均有可觀」，不過「三綱之訓，究遜於中國」（註一二〇），同時對於基督教在中國傳播所導致的衝突，認爲幸好「周孔程朱之教彌綸圜宇，深入人心，凡列衣冠之中，鮮慕異端之學」（註一二一），表現了其對「名教」與「周孔程朱之教」價值優位的肯定，至於基督教則終究是「異端」，並對「中體」核心的「綱常名教」與「周孔程朱之教」加以擁護，顯示其「中體西用」論的立場。

自幼便「欲爲經世實學」的薛福成，在主張採用西法的理論方面，有二點必須注意，一是「西學源出中國說」（註一二二）這在光緒十六年（一八九〇）並不算十分特殊；二是前面提及的以西法爲「公共之理」，而主張加以學習的說法（註一二三）。後者有其獨到之處，可以「理」

來接受西用，在後文討論日本「東道西藝」論時，將再論及。

馬建忠與前述四人的出身背景有很大的差異，是學法政的留學生（註一二四）。不過由於他的集子『適可齋紀言紀行』收錄的史料並不多，因此處理上便著重其思想中採用西法的部份和特點加以討論。

如果說郭嵩燾對一八七〇年代出現的「洋務論」中的富民思想有開風氣之功，馬建忠的「富民說」則可說是此一思想的代表作，有系統且令人信服（註一二五）。

在「富民說」中，一開頭便明言「治國以富強爲本，而求強以致富爲先」，在施行順位上，似有仿西法生產較仿西方練兵優先的意味（註一二六）。而他強調通商時「出口貨溢於進口貨」與「出口貨等於進口貨」皆利，至於「進口貨溢於出口貨不利」（註一二七），則帶有「重商主義」思想的色彩。爲了促進出口，馬建忠對中國出口大宗的絲、茶相當重視，主張「通諭各省督撫轉飭該屬訪求西法，師其所長」，以改善中國絲茶的品質，使市場「不盡爲洋產所奪」，同時他知道採行西洋成立公司糾集資本的方式，可以使中國絲茶商人的「貲本」更爲雄厚，可以「力足持久，不爲外商牽掣」，注意到財務結構的健全，可以避免在資金週轉不順之時，「自貶以求速售」的窘態。在另一方面，他也希望藉著成立公司，使「散商股歸併爲數大公司」，既可減少中國絲茶商人之間的競爭，又可「公舉董事以爲經理」，便於「會商採辦之價」（註一二八）。馬建忠並主張採取「外洋恤商之策」，「重征進口稅而輕征出口稅」，一旦出口「稅輕釐減價賤」，而「價賤則出口貨增，出口貨增則稅釐更旺」（註一二九），因爲出口貨減稅以後，成本便可降低，而價格較低的貨品，只要品質相若，在自由市場則具有更強的競爭力，而提高進口稅，則可抬高進口貨品的成本與價格，使本國相若的產品在國內市場處於較有利的競爭地位，進而或可減少進口的數量。

不過欲減少進口，提高進口稅率只是一種輔助的手段而已，重要的是國內也必須生產相當數量的相類產品，也提供市場消費之需，否則沒有適當的保護對象，提高進口稅便僅限於提高稅收和有限的「以價制量」而已。在此前提下，由於洋布洋紗是當時中國進口的大宗，而李鴻章系統的上海機器織布局一方面取得國內生產壟斷的特權，產量却又微不足道，馬建忠雖與李鴻章關係十分密切，且受李之栽培，也不得不加以批評（註一三〇）。

馬建忠仿求西法以求富的主張中，對於仿行西法的順位也有所說明。他認爲中國欲講求西法以求富，莫如先開金礦，而由於黃金的價值高，便有資金能夠使「各礦興於後」，而利源益廣，進而「南北鐵路與塞北之耕牧」便可以「以漸而興」（註一三一）。由此理路看來，可以發現他所主張興建的鐵路，有濃厚的商業目的。就馬建忠有關鐵路的主張而言，借洋債以開鐵路的觀念受到中國近代思想史研究者的注意，他不僅僅是主張借債而已，而且講求西洋式的借債，以求在借用外資之時，能保護中國的利權（註一三二）。

爲了推展商務，馬建忠除主張仿西制設立「商務衙門」，將金礦、織布、絲茶等依「先易後難」順序「次第分辨」以外，並認爲辦理之法總以商人糾股設立公司爲根本，更特殊的是他主張由商務衙門借外債，而後再轉貸給公司運用。他以爲「國債之舉，正局今之世君民一體通塞之機，不可行之於軍務，必不可不行之於商務」，而後「可轉貧民為富民，民富而國自彊」，因此雖然表面上是「官為民借」，其實仍是「為國借」（註一三三）。雖然由商務衙門借外債轉貸公司是其思想中的富民主張，但一旦施行獲利最大者無疑是公司的所有人與經營者，則其所謂富民的範圍仍有其侷限性。

而在交易媒介方面，他主張仿西法由國庫開鑄銀錢，並強調必須輕重畫一，使民間樂用，而由政府取得一定程度的貨幣控制權和利益。同時，由於當時銀價下跌，中國使用銀幣與西洋各國貿易便遭到損失（註一三四），在此一時代背景下，馬建忠主張「中國既與外洋互市，亟宜參用貨幣，使子母相權」，而「無畸重畸輕之弊」，「可暗彌折耗之費」（註一三五）。同時他也主張「倣外洋郵政局之法」，以改革驛站，既可省經費，也可便官商（註一三六）。同時在國外期間，他也注意到西洋的「獄訟」能比事比情，「無刑求之虐」（註一三七）。

他對於當時中國翻譯洋書的狀況並不滿意，主張應該成立「繙譯書院」譯三類的書，一是「各國時政」，一是「居官考訂之書」，如「行政、治軍、生財、交鄰」等等，再則主張將「外洋學館應讀之書」，次第翻譯（註一三八）。表明了他講求西學的重點所在，他並指出「辦交涉以文詞律例為主」，至於「講富強則以算學格致為本」，並認為西學與西技之間有密切關係，欲推行採礦、釀酒、製機器、通電報諸端，在在都需算、化、格致諸學（註一三九）。

在「法國海軍職要敍」中，他指出中國雖然「兵艦火器亦屢增而屢變」，但是「而所以明其職，盡其分之要」則仍然「尚待講求猶昔」（註一四〇），認為僅僅注意到新式的器械，卻沒有注意運作的專職分工是不足的。他也主張設立水師衙門，負責統轄「各省之大小兵輪」及「沿海之機器船政各局」（註一四一）。由此可知，馬建忠主張在引進西方船堅礮利時，必須連帶地引進部份的軍事制度。另外他並主張「練將之法自學院始，練兵之法自練船始」，「擬請仿照西國章程」於廣州、福州、上海、天津等地設「水師小學」；而後則設立「大學院」再供深造「以專造就水師人才」，分爲「駕駛、製造、醫學、會計」，其中會計並「兼習公法」，並設「學生練船」以供實習；在另一方面，則「分設練船以練兵卒」，並設「卒長練船以精技藝」（註一四二）。

爲了儲備洋務人才，他主張設立「出使學堂」，招收「身家淸白」，並讀畢四書五經，粗通文理的十五歲至二十一、二歲的人。在研習期間，除了必須學習「法國辣丁語言」、「外使」和「度數之學，格致諸功」等西學外，仍不偏廢華學（註一四三），雖然其主要目的是爲了出使，但訓練出來的人才亦可能在內政上有所作爲（註一四四）。

馬建忠在留歐期間，對西方的認識和態度也有所轉變，先則認爲「各國富強專在製造之精，兵紀之嚴」，而後對於各國重視商務，得民心的政治感到佩服，甚至以爲「各國之政盡善盡美」，不過再深入瞭解以後，他對各國的政治制度加以批評，並不同意，更談不上主張仿效了（註一四五）。

就馬建忠思想的西用範疇而言，除了不反對引進西方船堅礮利之外，似乎著重在仿行西法以求富上，表現了求富重於求強的意味，其中借外債以發展中國工商、興築鐵路更是其主張的特色。同時爲了使引進西法能發揮功能，他主張在軍事與商業部門仿行西方制度，並設立軍事學校和出使學堂以養成中國軍事、外交人才。而由其主張翻譯的西書看來，則著重時政、法政、商業、治軍、外交諸方面，比當時著重軍事、自然科學的翻譯，範圍似乎擴大許多。

在前述討論的洋務派「中體西用」論者中，曾國藩所推展的洋務，僅有製器、學技、操兵及派遣留學生諸端，李鴻章則隨著時序，採行的西用範疇益形擴大，不過其思想的主軸乃是由強兵而注意到富國的。至於郭嵩燾的見解則與同儕大有不同，一則是提出西洋立國自有本末；二則是認爲內治先於洋務，將洋務運動著重的船堅礮利置於末節；三則是將引進西用的主導力量置於民間，率先提倡富民思想。薛福成在出國前，也是由強兵而注意到富國的，但是出使以後此一次序似有逆轉的趨勢，對於工商的發展也十分重視。而就接受西用的理論而言，他提出「公理」說無疑是「中體西用」思想的一大發展，因爲他不僅以可變的器（氣、用）來接受西用，更進一步將西用視爲公理加以引進，就此而言與日本「東道西藝」思想頗爲類似。馬建忠引進西用的特色，則在於其「富民」思想與借外債建鐵路上。而除了曾國藩以外，其餘四人均多少表現了對制度層面改革的關心，不過基本上最多僅是枝節的改良而已，對於西歐政制重點的議會，最多僅表示讚賞，而無人明白地主張引進。將西用範疇明白地擴大及於政制層面，尤其是議會，是下面要討論的「中體西用」論者思想的特色。

【註釋】

註　一：參考 I. C. Y. Hsü, The Rise of Modern China (London: Oxford University Press, 1970), p. 335。基本上將甲午戰前的洋務運動與自強運動視為同義字，在中國近代史研究領域中，幾乎可視為通說。不過同時一般也多認為自強運動在甲午戰爭已告破產，參考郭廷以，『近代中國史綱』（香港，中文大學，一九七九年版），頁二九九。然而筆者以為在甲午戰後似雖鮮少再提及「自強」，但是作為清朝官方學習西方的主要理論依據，似與洋務運動仍有一脈相承之處，可視為後期洋務運動，而不宜認定洋務運動在甲午戰後已告結束，否則在處理張之洞、翁同龢等人思想時，便無法加以定位。

註二：Etō Shinkichi, op. cit., p. 1。

註三：溝口雄三，「近代中國像は歪んでいないか」，『歴史と社會』二期（東京，一九八三年版），頁一〇六。當然此一說法僅表示洋務運動的基本關心點，不能因此否定其對近代工業技術以外的西方事務（如國際公法）之關心。

註四：許介鱗，「日本と中國における初期立憲思想の比較研究」，『國家學會雜誌』，八三卷九、十期（東京，一九七〇年），頁九二。

註五：「曾國藩傳」，『清史稿』，卷四〇五，頁一一九〇七。

註六：「李鴻章傳」，同上引書，卷四一一，頁一二〇一一。

註七：曾國藩，「覆陳洋人助勦及採米運津摺」，『奏稿』，頁三七〇。本文所用曾國藩之史料，除另有註明者外，皆採用『曾文正公全集』（台北，世界書局，民國五十四年版）。

註八：「新造輪船摺」，同上引書，頁八四一。

註　九：「擬選子弟出洋學藝摺」，同上引書，頁九四四～五。

註一〇：曾國藩，「討粵匪檄」，『文集』，頁一四七～八。

註一一：汪榮祖，『晚清變法論叢』，頁六九。而曾氏主張設立的一些軍事工業，也可視爲經世思想的實踐，參M. Bastid-Bruguiere, "Current of Social Change", in J. K. Fairbank & K. C. Liu ed., The Cambridge History of China, Vol.11（Cambridge: Cambridge University Press, 1980）, p. 541。

註一二：曾國藩，「札飭機器局訪購挖河機器」，見『洋務運動文獻彙編』，冊四（台北，世界書局，民國五十二年版），頁四七八。

註一三：參考小野川秀美，前引書，頁八。

註一四：參考牟安世，『洋務運動』（上海，人民出版社，一九五六年版），頁八六；李定一，『中國近代史』（台北，中華書局，民國六十七年版），頁一二一～四。

註一五：李鴻章，「上曾相」，『朋僚函稿』（以下簡稱朋函），卷二，頁四六b～四七b。又本文所用之李鴻章史料，除另有註明者外，皆引自文海出版社民國五十一年翻印的『李文忠公全集』。

註一六：李鴻章，「請設外國語言文字學館摺」，『奏稿』，卷三，頁一二b。而在馮桂芬的建議中，本有引進西學以求輪船，火器製造之道的主張。馮桂芬，「上海設立同文館議」，『抗議』，卷下，頁二一五。

註一七：李鴻章，「致總理衙門書」，寶鋆等修，『籌辦夷務始末（同治朝）』，卷二五，頁九b～一

○a。

註一八：李鴻章，「復陳筱舫侍御」，『朋函』，卷五，頁三四a～b。

註一九：李鴻章，「置辦外國鐵廠機器摺」，『奏稿』，卷九，頁三四b。

註二〇：李鴻章，「復曾相」，『朋函』，卷一二，頁三a～b。

註二一：李鴻章，「籌議製造輪船未可裁撤摺」，『奏稿』，卷一九，頁四九a～b。牟安世認爲爲了解決前述的難題，洋務派陸續舉辦了輪船商局、礦務局等等。牟安世，前引書，頁八九～九〇。

註二二：李鴻章，「試辦招商輪船摺」，『奏稿』，卷二〇，頁三二b～三三b。

註二三：湯其學，前引文，頁六八。

註二四：吳章銓，「洋務運動中的商務思想——以李鴻章爲中心的探討」，『思與言』，七卷三期（台北，民國五十八年九月），頁一〇。

註二五：李鴻章，「籌議海防摺」，『奏稿』，卷二四，頁二三b～二四a，此一設置洋學局的主張與「另開洋務進取一格」，無可避免地會削弱既存「體制教學」的支配力，對透過「體制教學」達成部份社會化目的的「恭順倫理」的綱常名教而言，也會造成某種程度的傷害，此可參看本章第五節相關問題的討論，並使中體不再包容全部的政治體制，而有一定程度的退縮。

註二六：茲依據前引的史料，歸納出李鴻章在同治年間引用西用的範疇之演進，分年條列如下：

年代	西用主張	備註

同治元年	西洋火器	（以下重複出現者不重覆）
同治二年	設立語言文字學館	引進西學，培養洋務人材
同治三年	專設洋務一科取士；設立外國船廠，循序研製夾板火輪、巨礮兵船	陸師盡廢弓箭，專精火器，摒除海口舊有的艇船、師船
同治四年	認識到西洋機器生產有裨於日用民生	並未主張引進
同治十一年	注意到煤鐵對船炮機器的重要性；官設輪船招商局	
同治十三年	設立洋學局，分設格致、測算、輿圖、火輪、機器、兵法、礮法、化學、電氣學諸學門	主張引進原因包括有切於民生日用

註二七：李鴻章，「復郭筠僊星使」，『朋函』，卷一七，頁一二b～一三a。

註二八：李鴻章，「輪船招商請獎摺」，『奏稿』，卷二五，頁四a、五a。

註二九：李鴻章，「復沈幼丹制軍」，『朋函』，卷一六，頁三b。

註三〇：「復丁稚璜宮保」，同上引書，卷一六，頁二五。

註三一：李鴻章，「閩廠學生出洋學習摺」，『奏稿』，卷二八，頁二〇a。

註三二：李鴻章，「論維持招商局」，『譯署函稿』，卷七，頁二三b～二四a。

註三三：李鴻章，「議覆梅啓照條陳摺」，『奏稿』，卷三九，頁三二b。

註三四：吳章銓，前引文，頁一五。

註三五：李鴻章，「復郭筠僊星使」，『朋函』，卷一七，頁一三b～一四a。

註三六：李鴻章，「覆醇邸」，『電稿』，卷一一，頁一八b。

註三七：李鴻章，「光緒十一年七月初二直隸總督李鴻章奏」，『洋務運動文獻彙編』，冊二，頁五七〇～一。

註三八：李鴻章，「議製造火柴」，『譯署函稿』，卷二〇，頁二一a～b。

註三九：吳章銓，前引文，頁一五～六。

註四〇：同上註，頁一三，及參見李鴻章，「論法約減稅」，『譯署函稿』，卷一九，頁二b，李在此明白指出「進出口貨稅關係國計民生久遠之謀」。

註四一：李氏爲上海機器織布局所爭取的壟斷特權，可參見李鴻章，「試辦織布局摺」，『奏稿』，卷四三，頁四四a，此事連與李鴻章關係相當密切的馬建忠也加以批評，在後文將會提及，筆者對此的意見，可參見本章第五節。

註四二：同註三七。

註四三：參考閔斗基，前引文，頁一九〇。

註四四：參考 I. C. Y. Hsü, op. cit. p. 423。

註四五：世續等修，『清德宗景皇帝實錄』（台北，華聯出版社，民國五十三年版），卷二九九，頁一七；另參見郭廷以等編，『郭嵩燾先生年譜』（以下簡稱郭譜）（台北，中央研究院近代史研究所，民國六十年版），頁一〇〇九，而筆者對郭嵩燾思想的初步瞭解，主要乃透過此一年譜的整理結果，不敢掠美，特此說明。

註四六：在國內發表的論文中，能大量利用郭嵩燾日記，而有所成就者，當推黎志剛的「郭嵩燾的經世思想」，『經世論文集』，頁五〇九～二七。

註四七：參看趙中孚，「郭嵩燾的經世思想評論」，同上引書，頁五二八；及 D. Hamilton, "Kuo Sung-tao: A Maverick Confucian", *Papers on China*, No. 15, (1961), pp. 17～8。

註四八：「郭嵩燾傳」，『清史稿』，卷四四六，頁一二四七三。

註四九：黎志剛，前引文，頁五一二。

註五〇：王闓運，『湘綺樓日記』（台北，學生書局，民國五十三年版），頁三三三。

註五一：王夫之，『周易外傳』，『船山全集』冊二（台中，力行書局，民國五十四年版），卷五，頁一〇一三。

註五二：「福建按察使郭嵩燾條議海防事宜」，『洋務運動文獻彙編』，冊一，頁一四二。

註五三：王夫之，『周易外傳』，頁一〇一三。

註五四：王夫之，『俟解』，『船山全集』冊一二，頁九七三〇。

註五五：王闓運，前引書，四四～五。

註五六：D. Hamilton 認爲郭氏「體用兼賅」之觀念或承自王夫之的哲學。D. Hamilton, op. cit., p. 14. 但是，道器不離的觀念本是「道器」論重要的一支，並非王氏所獨有，朱熹亦有此一觀念。而此一觀念的存在，並不意味著他們思想便不能發展出肯定理或道的絕對性。

註五七：參見吳鵬翼，「中國現代化運動的異士——郭嵩燾的洋務觀」，周陽山等編，『近代中國思想人物論——晚清思想』（以下簡稱晚清思想）（台北，時報文化公司，民國六十九年版），頁二七六～七。

註五八：郭嵩燾，「書『海國圖志』後」，『養知書屋文集』（以下簡稱文集），卷七，頁一六a～b。本文使用郭氏之史料，除另有說明外，皆使用王先謙編訂，『養知書屋遺集』（台北，藝文印書館，民國五十三年版）。

註五九：「英國檔」，『四國新檔』，頁八五四～五，轉引自郭廷以等編，『郭譜』，頁一三三。

註六〇：郭廷以等編，『郭譜』，頁三二七。

註六一：同上引書，頁三九四。

註六二：Y. P. Hao & E. M. Wang, "Changing Chinese View of Western Relation 1840～95", The Cambridge History of China, Vol.11, p. 171。

註六三：「福建按察使郭嵩燾條議海防事宜」，頁一三七～九。其中市舶司負責人由商人公舉產生，固然意味著賦予商人某種程度的自治權，不過也意味著官方對此事業的介入。

註六四：郭廷以等編，『郭譜』，頁四八一。

註六五：「福建按察使郭嵩燾條議海防事宜」，頁一四一～二。

註六六：參考本章第四節。

註六七：翁同龢，『翁文恭公日記』，光緒二年正月十三日，（台北，國風出版社，民國五三年），丙子年頁「郭筠仙來，其言欲天下皆開煤、鐵，又欲中國皆造鐵路」。

註六八：郭嵩燾，「擬銷假論洋務疏」，『郭侍郎奏疏』，卷一二，頁九a～一〇a。

註六九：郭廷以等編，『郭譜』，頁五六一。

註七〇：郭嵩燾，「倫敦致李伯相」，『文集』，卷一一，頁四b～六a。

註七一：黃濬，『花隨人聖盦摭憶』（台北，九思出版社，民國六十七年版），頁一六一。

註七二：郭嵩燾，「奏請派員赴萬國刑罰監牢會片」，王彥威、王亮輯，『清季外交史料』（台北，文海出版社，民國五十二年版），卷八，頁一五～六。

註七三：郭嵩燾，「新嘉坡設立領事片」，同上引書，卷一一，頁一三～五。

註七四：郭嵩燾，「請纂成通商則例摺」，同上引書，卷一一，頁一〇～一三。

註七五：郭廷以等編，『郭譜』，頁六九四。

註七六：同上引書，頁七九八。

註七七：郭嵩燾，「致沈幼丹制軍」，『文集』，卷一一，頁一三a～b。

註七八：郭嵩燾，「論河務疏」，『郭侍郎奏疏』，卷一二，頁五一a。

註七九：郭廷以等編，『郭譜』，頁九六八。

註八〇：郭嵩燾，「致李傅相」，『文集』，卷一三，頁一九a～二〇a。

註八一：郭氏是晚清富民思想的主導人物之一，早在一八七〇年代便對此加以提倡。Y. P. Hao & E. M. Wang, op. cit., p. 171。

註八二：郭嵩燾，「致李傅相」，『文集』，卷一三，頁二二b～二三b。

註八三：「鐵路議」，同上引書，卷一三，頁一二a。

註八四：「鐵路後議」，同上引書，卷一三，頁一四a～一五b。

註八五：「致李傅相」，同上引書，卷一三，頁一八a～一九a。

註八六：「與友人論仿行西法書」，同上引書，卷一三，頁三八b。

註八七：此一爭議與墨子刻和張忠棟等人的論戰，頗有異曲同工之妙，可以參看『中國時報』民國七十二年三到六月間的人間副刊，只不過他們爭論的重點乃在制度層面，而郭嵩燾的意見則在器物層面。

註八八：D. Hamilton 對此也有所討論，他認爲：郭氏拒絕把軍事和工業技術與它們所屬的制度環境分開，而以爲必須先有一個穩固的基礎，國家才能論及富強，而郭氏此一看法的邏輯選擇是意外的成功，因爲有了一個有「秩序」又富足的社會；抑是不可避免的失敗，因爲有了一個無助於預先防止走上衰微的社會。而在另一形式中，此目標、方法的相同困惑對郭氏的思想來說有著另一結論。他在許多著作中關心富強問題，而他有時又提及國體和儒家秩序（儒道）爲其終極的關懷，而可能不清楚爲了富強，國體犧牲了多少。D. Hamilton, op. cit., pp. 17～8，此一見解可以與筆者的意見對照。

註八九：小野川秀美，前引書，頁二〇。

註九〇：西順藏編，前引書，頁九五～六。

註九一：小野川秀美，前引書，頁一九～二〇。

註九二：薛福成，「應詔陳言疏」，『庸庵文編』（以下簡稱文編），卷一，頁一三b～一六a。本文引用薛福成的史料，除另有說明外，皆引自『薛福成全集』（台北，廣文書局，民國五十二年版）。

註九三：「創開中國鐵路議」，同上引書，卷二，頁九b～一三b；另參看吳萬頌，「薛福成對洋務的認識」，『大陸雜誌』，四十七卷三期，（台北，民國六十二年九月），頁一九。

註九四：薛福成，「變法」，『籌洋芻議』（以下簡稱芻議），頁二一b。

註九五：「約章」，同上引書，頁二a～b。

註九六：「商政」，同上引書，頁一〇b～一二a。

註九七：「礦政」，同上引書，頁一五a。

註九八：「船政」，同上引書，頁一三a。另參看吳萬頌，前引文，頁二二。

註九九：薛福成，「變法」，『芻議』，頁二一a。

註一〇〇：同上註，頁二一b。

註一〇一：薛福成，「西法為公共之理說」，『海外文編』（以下簡稱海外），卷三，頁一b～二a，在此他所指涉的包括「商政、兵法、造船、製器及農漁牧礦諸務」，並認為此「皆導源於汽學、光學、電學、化學」。

註一〇二：薛福成，「選舉論上」，『庸庵外編』（以下簡稱外編），卷一，頁二a。

註一〇三：「選舉論下」，同上引書，卷一，頁四a。

註一〇四：「薛福成傳」，『清史稿』，卷四四六，頁一二四八〇。

註一〇五：薛福成，『出使英法義比日記』（以下簡稱日記），卷三，頁二五b。

註一〇六：薛福成，「再論俄羅斯立國之勢」，『海外』，卷三，頁五b。

註一〇七：鄭觀應的「議院」主張在近代思想史的脈絡具有相當的重要性，他對英德制議院（尤其是英國）十分推崇，也主張仿立「議院」，但是其與英式議院在政治制度中所扮演的角色便差異頗大，參照本章第四節。因此不宜以薛氏對英德制議院的讚美，便推論其同意在中國建立英式議院。

註一〇八：薛福成，「南洋諸島致富強說」，『海外』，卷三，頁一一a～b；另參同書「通籌南洋各島添設領事保護華民疏」，卷一，頁五b～八b。

註一〇九：「論不勤遠略之誤」，同上引書，卷三，頁一五a；及同書「使才與將相並重說」，卷三，頁八a～b。

註一一〇：「附陳撥兵船保護華民片」，同上引書，卷一，頁二〇a～b。

註一一一：「改戰牢具不用之用說」，同上引書，卷三，頁三b。

註一一二：「治術學術在專精說」，同上引書，卷三，頁一〇a。

註一一三：「用機器殖財養民說」，同上引書，卷三，頁九a。

註一一四：「振百工說」，同上引書，卷三，頁一六b、一七b。在此他不僅是八股制藝，甚至是整個科舉制度的批判，不過他並未提出改革方案。

註一一五：閔斗基，前引文，頁一八三。

註一一六：薛福成，「論公司不舉之病」，『海外』，卷三，頁一六a。

註一一七：薛福成，『日記』，卷二，頁五b。

註一一八：參看本節對郭嵩燾的討論。

註一一九：薛福成，『出使奏疏』卷下，轉引自王爾敏，『晚清政治思想史論』，頁八一。另參照閔斗基，前引文，頁一八二。

註一二〇：薛福成，『日記』，卷五，頁一六a～b。

註一二一：薛福成，「分別教案治本治標之計疏」，『海外』，卷一，頁一二b。

註一二二：薛福成，『日記』，卷五，頁二b～四a。

註一二三：薛福成，「西法爲公共之理說」，『海外』，卷三，頁一b～二a，及參註一〇〇。

註一二四：馬建忠，「上李伯相言出洋工課書」，『適可齋紀言』（以下簡稱『紀言』），卷二，頁六b

。本文處理馬建忠思想所用之史料，除了另有說明外，皆使用沈雲龍主編，近代中國史料叢刊第十六輯，『適可齋紀言紀行』（台北，文海出版社翻印本）。另參李緒武，「清末船政學生之留歐教育」，『東方雜誌』，復刊三卷一期（台北，民國五十六年九月），頁七三。

註一二五：Y. P. Hao & E. M. Wang, op. cit., p. 171。

註一二六：馬建忠，「富民說」，『紀言』，卷一，頁一a。

註一二七：同上註，頁一b。

註一二八：同上註，頁三a～b。馬建忠在此成立公司的主張，實有建立市場產銷秩序與走向市場聯合壟斷的意味，一方面在採購時可以避免搶購所導致的價錢上漲，在賣出時也可避免惡性競爭帶來殺價的損失。

註一二九：同上註，頁四a。

註一三〇：同上註，頁五a～b。

註一三一：同上註，頁六a～九a。

註一三二：小野川秀美，前引書，頁三三。

註一三三：同上註，頁九～一〇a、一一a，不過如果馬建忠的計劃一旦施行，所謂的「富民」當是公司的經營者，對此而言薛福成似乎較有見識，參註一一三。

註一三四：參照全漢昇，「清季的貨幣問題及其對於工業化的影響」，『中國經濟史論叢』（香港，中文大學新亞書院，一九七二年版），頁七三六～四一。

註一三五：馬建忠，「上李伯相覆議何學士如璋奏設水師摺」，『紀言』，頁二六a～二七a。
註一三六：同上註，頁二七b。
註一三七：「瑪賽復友人書」，同上引書，卷二，頁四b。
註一三八：「擬設繙譯書院議」，同上引書，卷四，頁二四b～二五a。
註一三九：「上李伯相言出洋工課書」，同上引書，卷二，頁四b。
註一四〇：「法國海軍職要敍」，同上引書，卷二，頁二b。
註一四一：「上李伯相覆議何學士如璋奏設水師摺」，同上引書，卷三，頁二a。
註一四二：同上註，頁三b～七a。
註一四三：「瑪賽復友人」，同上引書，卷二，頁二三a～b。
註一四四：陳三井，「略論馬建忠的外交思想」，『晚清思想』，頁四八三。
註一四五：馬建忠，「上李伯相言出洋工課書」，『紀言』，卷二，頁六a～b。

第四節　非主流派的「中體西用」思想

相對於洋務派的「中體西用」論者，流亡海外多年的王韜，商人出身的鄭觀應，以及和洋務派主流關係不深的湯震、陳熾，可以視爲非主流派，其思想也是本節討論的重心。其中流亡多年的王韜，不僅在時序稍前，而且其西用範疇中未包括議會，與其餘三人有所不同，故獨立加以討論，其餘三人則一併討論。

一、王韜與「中體西用」思想

早期的王韜雖已認識到西方「器械造作之精，格致推測之妙」，大體上卻以爲「中國決不能行」（註一），可行者只有「火器用於戰」、「輪船用於海」、「語言文字以通彼此之情」而已（註二）。而其主要的改革思想，則於同治十三年（一八七四）後陸續發表於『循環日報』。『弢園文錄外篇』即是選錄同治十三年到光緒八年（一八八二）之間他在『循環日報』上論說的精華而成（註三），此書也是本文討論王韜「中體西用」思想的主要依據。

㈠「中體」的肯定

王韜在「平賊議」中指出，「平賊要務首兵治與治民而已」，而前者是平賊之末，後者才是平賊之本（註四）。這樣的態度在其改革思想中可以說是一貫的（註五）。強調「治民」固然顯示了王韜對政治乃至政制的重視，不過也表示了洋務運動中仿行西法的主要內容——船堅礮利——在其思想中不過是末而已。

他雖明白指出「窮則變，變則通，知天下事未有久而不變者」，認為「即使孔子生乎今日」，一定不致「拘泥古昔而不知變通」（註六）。不過所謂的「變通」乃是指對西方的「舟車、槍礮、機器之制，亦必有所取焉」，雖然「器則取諸西國」，但「道則備自當躬」，而「孔子之道」是萬世不變的（註七）。此一對「道」不變性的認識，與官定朱子學類似，由此自也可衍生出「中體西用」思想的意味（註八）。他指出：「形而上者中國也，以道勝；形而下者西人也，以器勝」，認為如果只知稱頌西器，而不注重中道的話，是「未窺為治之本原」（註九）。而後他更明白地主張，「形而下者謂之器，形而上者謂之道」，中國「自有周孔之道足以治民而理國」，「一切所行率以此為斷，而人莫敢復出一言」（註一〇），對於聖人之道的絕對性予以肯定。與早期的「平賊議」類似，他以為「西學西法非不可用，但當與我相輔而行」，主張「時務之急莫在乎收拾民心」，治民是本，仿效西法則是末（註一一），其中所謂「治民」的內容對王韜而言，正是聖人之道的展現。由此，清楚地表現了「中體西用」思想的特色。

因此，王韜雖然對當時洋務運動「變通成法」的措施加以批評，認為是「小變而非大變」，是「貌變而非真變」（註一二），但是卻不能因此將他與戊戌維新思想並論，因為他所謂的「變」並沒有涉及中國治本的根本，所謂「變」，是「變其外不變其內」，是「變其所當變」，而不是「變其不可變」（註一三），至於「治國之道」則是屬於不變的，「無容異於往昔」（註一四）。而他在字裏行間一再顯現中體的優位性，如在「洋務下」中，王韜便指出「由本以治末」是「洋務之綱領」，而「本根所繫」則在於「孝弟忠信禮義廉恥」等儒家基本德目（註一五）。而且他認爲作爲中體核心的三綱五倫，不僅是「聖賢之學」的基礎，更在「生人之初」便已具備（註一六）。同時，他對「體制教學」也表支持，主張「在各處宜講聖諭」，「用以維持風教」，「杜異端以衞正學」（註一七）。所以，王韜既同意聖人之道的恒常性，並對於聖人之道具體展現的三綱五倫之「恭順倫理」加以肯定，則中體非屬其所欲變的範疇，是十分清楚的。在討論他思想中不可變的範疇之後，接著擬討論其所欲變的內容。

㈡西用的範疇

王韜在「變法自強上」中指出：當時中國所「當變者有四」，卽取士、練兵、學校、律例（註一八）。這也是他認爲「今日而言治，非一變不爲功」的「變之之道」之大體內容（註一九）。在此擬先討論此四者，而後再處理王韜其他西用的範疇。

廢棄「時文」的主張在王韜的集子中卽一再強調，其在「變法下」的主張可說是較溫和的，在此他主張先在「制科」以外「別設專科」；而就「制科」而言，二場「經題宜以實學」，三場「策題宜以實務」，與首場並重，使能「明體達用」，「本末兼賅」，俟風氣轉移「裁成鼓勵四五科之後」，「乃幷時文而廢之」（註二〇）。而他在「變法自強中」的建議就更爲具體，「西學」的採用也較淸楚。他認爲「以有用之時，講有用之學」，將文科分爲兩類，第一類是「孝弟賢良」、「孝廉方正」、「德者行攸」、「茂才異等」，主要是選拔「有道德」的人，由「鄉舉里選」產生，不必考試，但應當「優其獎勵」，「以厚風俗」，「以端教化」；至於必須考試的分爲十科：「經學」、「史學」、「掌故之學」、「詞章之學」、「輿圖」、「格致」、「天算」、「律例」、「辯論時事」、「直言極諫」（註二一）。在此分爲兩類，可視爲「道德」與「才能」的初步分離，在十科考試之中，「輿圖」、「格致」、「天算」三科似屬「西學」，則「西學」在王韜考試主張中，應已佔有相當份量。至於「武科」方面則主張「宜廢弓刀石」，而「改爲鎗炮」（註二二）。必須注意的是，他並不是如李鴻章、薛福成所主張的附加洋務一科而已，而是主張考試的改變（註二三）。

在「練兵」方面，王韜指出「若不以西法從事」，則「火艦、火器亦徒虛設」，主張所有的「水師」、「陸軍」、「綠營」、「旗丁滿兵」都應「當變」，並且在「長江水師」之下，「專設海軍」，使海軍能夠獨立（註二四）。他在「治中」也有所說明，主張「水師宜立專局」以「訓練技能」，「陸營」則「宜改營制，汰軍額，簡丁壯，厚餉糈」，至於「戰船」則「宜易帆船爲風帆火琯」，而在「器械」方面，則「宜易弓矢刀矛以火器」，並總結地主張「總不外乎以西法練兵」（註二五）。一再強調廢棄舊式武器，認爲「陸營必廢弓矛」，而「水師必廢艇船」，「一以鎗炮爲先，輪船爲尙」，而後「兵可強也」，並且注意到「步兵」、「騎兵」和「鎗隊」、「炮隊」的兵種區分（註二六）。

在學校方面，王韜主張分爲「文學」、「藝學」兩類，「文學」卽「經史、掌故、詞章之學」，而「藝學」則是「輿圖、格致、天算、律例」，大體上前者是中學，而後者則有西學的意味（註二七）。他並主張「肄習水師武備，國家宜另立學校，教之以司砲、駕舟、布陣、製器」（註二八），在各省、郡、州、邑則由「國家設立文武學塾，以爲訓習所」，作爲儲材之地（註二九），對於輪船的駕駛，王韜非常重視，主張「宜簡老於航海之舵工入西國塾中，精加習練，而擇最優者以備用」，並「於沿海地方，設立水師館、舵工館，日加講肄，少而習之，壯而用之」（註三〇）。

至於「律例」的改變，王韜基本上乃希望能化繁爲簡，而「減教條，省號令」（註三一），並盡行裁撤「吏」，而代之以「明習律例」的「士」，同時在學校中的「藝學」包括「律例」，乃是爲「服官出使所必需」（註三二），如此則又似有採行「萬國公法」等「西學」的意味。

王韜在「治中」篇指出，中國當時的「急務」不外乎「治中」與「馭外」，而「馭外」主要乃是「簡公使、設領事、洞達洋務、宣揚國威」，至於「變法」則是「剏設局廠、鑄鎗礮、造舟艦、遣發幼童出洋、肄習西國語言、文字器藝學術而已」（註三三）。在此除了清楚地主張派遣駐外使節與遣發幼童出洋學習是「變法自強上」所未明言者外，思想並沒有特別之處，且究其變法的內容而言，並未超過洋務運動的範疇。

在光緒十三年（一八八七）左右寫成的「洋務上」中（註三四），王韜以爲應在各口岸設置譯館，翻譯西洋「有用之書」，而所謂的有用之書是指「機器、格致、輿圖、象緯、槍礮、舟車」（註三五），由此或可看出其西用範疇之著重點。而此一範疇與前述所討論者並無歧異。

不過，王韜對於追求富強的建設，也有較詳盡的討論。他認爲「富強之效」在「開礦、鬮地、造電氣通標，築輪車鐵路」（註三六），此一主張固然與軍事用途的考慮相關。然而王韜的見識並非僅限於此，他已認知到「今日崇尚西學，倣效西法，漸知以商力濬利源，與西商並駕齊驅，而潛奪其權」（註三七），要「富國」必先「富商」，「商富卽國富」（註三八）。因此他主張「興利」，而「利之最先者」就是「開礦」，包括煤、鐵和「五金」，以用來鑄造國防軍需，「剏造各種機器」，「興築輪車鐵路」和「廣鑄金銀銅三品之錢」，而能奪「西人」之利（註三九）。至於前述的「開礦」則應准許「民間自立公司」，「而不使官吏得掣其肘」，「製造機器、興築鐵路、建置大小輪船」之利也「皆公之於民」（註四〇）。

至於興「織紝」之利必以「機器爲先」（註四一），而農耕的「開阡陌、深溝洫、興水利、資灌溉」，也可採用「西國機器」（註四二）。同時「令民間自立公司，購置輪船，用以往來內河，轉輪貨物，裝載人客」（註四三）。旣然重視商業，爲了避免不測的風險，而主張「設保險」，以「廣開貿易」（註四四）。另外，爲了「利國利民」，便利消息流傳，而主張「建鐵路」，通電線（註四五），也同意前人已主張採用的「西國爬沙之法」以治河（註四六）。王韜也主張「倣效」西方的「日報」，以通達消息，便利朝廷「採取輿論、探悉群情」（註四七）。由前面的討論中，可以發現王韜思想中西用部份包括：機器、輿圖、格致、天算、律例、槍礮、舟車、鐵路、電線、開礦、保險、公司、紡織、日報等等。其中除了軍事、外交部門有涉及制度層面的改良以外，其他多屬「器物」的層次。

王韜「倣效西法」的主張雖沒有觸及旣存體制的根本，但是他基本上同意郭嵩燾的西人「政教修明，具有本末」的說法（註四八），這與他到歐洲期間對西方有了較同時期人士更深的認識有所關連，他曾明言：「孰謂泰西禮義之教，不及中國」（註四九）。然而，這並不足以說明王韜有主張採用西方的「禮義之教」。

王韜與馮桂芬一樣，都注意到「上下相通」的重要，他認為若「徒恃西人之舟堅、炮利、器巧、算精」，卻沒有「師其上下一心嚴尚簡便之處」的話，仍然是「未可與權」（註五〇）。他明白提出在西方「惟君民共治，上下相通，民隱得以上達，君惠亦得以下逮」，而「猶有中國三代以上之遺意」，而在「君民共主」之制下「大政必集衆於上下議院」，縱使「君可而民否」仍「不能行」（註五一）。然而在集子中，王韜卻未主張中國應採君民共主制，因此僅以此便推論出王韜已經透露中國必須走英國君主立憲的道路（註五二），則不免有推論過度之嫌。因為王韜雖然主張「為治者貴在求民之隱，達民之情」，但是他基本上仍是站在「父權」政治的角度，認為「民之於官，有如子弟之於父兄」（註五三），這與其對「中體」的肯定也頗能一致。

因此，既然王韜主張中體的不變性，在用的範疇則納入西學，其思想的「中體西用」性質便可確定。而在西用的範疇中，他雖對引進船堅礮利十分注意，不過在考量富國與強兵時，前者具有優先性，且所謂的富國對他而言，無疑是以富民為大端，則王韜此一思想可被置於一八七〇年代富民思想的脈絡中來理解。

不過王韜既主張中體的不變性，而又主張採行西用，則他的道與器之間的分離意味便相當濃厚。不過王韜對此問題並沒有深入加以探討，而以類似「西學源出中國說」的方式來減緩接受西器的阻力，提出「不獨文字」，即使「禮樂、制度、天算、器藝」也都是由「中國而流傳及外」的（註五四）。同時世界有歸於「大同」之勢（註五五），中國必須輸入西方的長處，以作為將世界混而爲一的手段。而「聖人」出自中國，把中體的核心「三綱五倫」向世界推廣（註五六），這也是他「中體西用」思想的歸結處。這種主張固可如小野川秀美所提出的，乃是一種「大同」思想，但是從另一個角度來看，主張由中國統一世界，或是最少使「三綱五倫」的中體成爲一種普遍性的規範，此雖是對西力東漸的一種反應，但未嘗沒有包含著一定程度的帝國主義色彩。

二、鄭觀應、湯震、陳熾與「中體西用」思想

在本文所探討的「中體西用」論者中，鄭觀應的思想可說是較爲複雜的（註五七），其中主張採用西方議會制度與強烈地強調工商、貿易的重要性，可以說是他改革方案的顯著特色（註五八）。而較諸其他「中體西用」論者而言，更眞切地把握了議會制度的實質，更使得他思想的開展具有突破「中體西用」論格局的可能（註五九）。至於湯震和陳熾，其時代、主張和鄭觀應相近，故予以併論（註六〇）。

鄭氏和郭嵩燾一樣，與前面討論的其他「中體西用」論者有顯著的不同，認爲西方立國是「具有本末」的，而其所以能夠富強也是「具有體用」的，並明白主張在學習西方之時不可「遺其體」而僅「求其用」（註六一）。不過，不可以因此便否定他的思想爲「中體西用」論，因爲他認爲「分而言之」時，西學固然「具有本末」，但「合而言之」時，仍有一「大本末」，此時「中學爲本」，「西學爲末」，而「主以中學，輔以西學」，此一形態與朱熹體有自身的「體用」，用也有自身的「體用」之觀念相類（註六二）。

既然鄭觀應「本末」論的格局並未超過傳統「體用」的範疇，則其似乎仍具有「中體西用」

思想。因此接著擬由他們三人思想中的體與用之關係，以及體的內涵中著手，以瞭解他們思想的結構。

鄭觀應認為就道與器的關係而言，「道是本，器是末，器可變，道不可變」，而且所變的是「富強之權術」的層次，而不是「孔孟之常經」（註六三）。在此鄭氏已指出了變的範疇，並對孔孟常經的不變加以肯定。就其思想路來看，在「堯舜禹湯周公之道為萬世不易之大經大本」的前提下，聖人之道恒常性的意味已十分明顯（註六四）。由其思想的這一「道器」關係看來，與「中體西用」論的「體」（道、本）不可變，而「用」（器、末）可變的基本思考模式相符，而道與器之間似已呈現分離的狀況。不過，鄭觀應卻又明言，「器不能離乎道」，「道」寓於「器」中（註六五），此一「道器」的「吊詭」關係，與前述朱熹思想的「道器」論基本上似乎是一致的（註六六）。但從鄭氏的整體思想來看，在理論上（實然上則又是另一回事）並不一定展現「道器」截然分離的狀態，因為透過「西學源出中國說」作為媒介（註六七），縱使可變的器是仿自西方，在某種程度上却依然可以說是「暗襲中法而成」（註六八），或是與「三代」的古制類似（註六九），而使他思想中的道與器有了一定程度的關連，因此道與器可以相合，而能「本末兼賅」（註七〇），同時器的範疇也擴及制度層面。不過，一旦作為媒介的「西學源出中國說」不被視為具有事實的基礎，則作為本的不可變之道與作為末的可變之器之間的對立性質便強烈地顯現了出來（註七一）。然而，如果由「西學源出中國說」進一步比附，認為西學不僅是源出中國，而且根本就是聖人之道，當此一西學又包含了政制與社會運作所依循的禮法時，則晚清的「變法論」便完全成形了。

湯震與陳熾的「中體西用」論基本上與鄭觀應相似。湯氏認爲「中國所守者形上之道，西人所專者形下之器」，而中國「自以爲道」，漸漸喪失了「器」，因此在面對西力東漸而中國「積弱」的歷史環境下，必須發憤「求形下之器以衞形上之道」。同時，對湯震的思想而言，「西器」本是來自中國，如西方的政教「大半本之周官」，而「藝術」則「大半本之諸子」，因此使中道與西器關連起來，而且因爲西器本源出中國故不必加以排斥，而可求「西器」以衞「中道」了（註七二）。由於這個用來衞中道的西器之範疇，已及於制度層面。這不僅意味著在面對環境的壓力時，誘使中國必須補回過去「漸失」的「器」；同時由於「西器」本源於中國，將「西器」用來防衞「中道」時，也可以看作某種程度中國舊有「道器」的配合，而不須仔細考慮「中道」與「西器」不能配合的狀況（註七三）。

陳熾的思想中也表現了「道」的超越性，認爲「形而上者」是「道」，而「修道之謂教」，這是從黃帝、孔子以降至當時未曾廢的，同時也是「亘千萬世」而不容改變的（註七四）。至於因爲「秦政」而傳至西洋的「器」，則是「道之初跡」，是「先王遺意之所存」，在天將把「器還中國」之時，由於「西器」本出於中國，因而不必「顯立」中西「異同」，也不須一概加以排斥（註七五）。所以，陳氏一方面強調「泰西之所長者政，中國之所長者教」，「道而器別」、「體與用殊」，使得「政教」、「道器」和「體用」呈現分離的狀態（註七六），而政也歸併到器（用）的範疇。但是與湯震和鄭觀應類似，透過「西器」本源自中國的觀念作爲媒介（註七七），自可觀摩「西器」，取「西器」來「補救」「中道」（註七八），而能「體用兼賅」（註七九），「粗精一貫」、「本末同歸」（註八〇）。

再就整個「中體西用」論的思考來觀察，在前述的討論中可以發現，對鄭、湯、陳三個人而言，他們的「道」與「器」之間似都呈現了分離的狀況，但是由於在理論上既認爲西器源自中國，則在此一理路下，學習西器不惟不致強化道與器的分離性，反而正可以使中國「道器」兼備，以圖富強。

在大致掌握了三人「道器」論的思考結構以後，接著擬進一步探討他們思想中「體用」（道器）的範疇。

鄭觀應在「盛世危言初刋自序」中，認爲所謂「不易」的「體」就是「聖之經」就是「中」（註八一），而後在「道器」篇中，提出所謂「萬世不易的大經大本」就是「堯舜禹湯周孔之道」（註八二），在「訓俗」篇中並主張對於清朝的「體制教學」不僅要維持，更必須加強宣講『聖諭廣訓』、『欽定勸善要言』和「孔孟之道」及「程朱之學」以求有正於人心（註八三），這與他在『易言』中所言的「我不過欲效其（泰西）技藝臻於富強，而於世道人心曾無少損」（註八四）以及對「千古綱常名教」不變的肯定，可以前後對應。由此可以界定出他思想中的體正是清朝的「體制教學」，而其核心也就是「三綱五常」的「恭順倫理」（註八五）。在另一方面他雖然沒有提及政治制度，然而「恭順倫理」既然不變，便意味着政治社會制度的運作方式不變，而運作方式不變也意味政治社會制度改變的限制。則鄭觀應的西器雖已及於制度層面，但是在與中道合而考慮時，因中道的優位性，而不得不受到中道的限制。這是必須注意的（陳、湯二人亦同，下面對此不再贅述）。

陳熾承認「宋人析理雖精，而流弊之所歸，亦苦於有體無用」（註八六），而認爲「形而上者謂之道，修道之謂教，自黃帝孔子而來至於今未嘗廢也，是天人之極致，性命之大原，亘千萬世而無容或變者也」（註八七），指出沒有「君臣之倫」，就「不足以致太平」；沒有「父子兄弟之倫」，就「不足以存種族」；沒有「夫婦之倫」，就「不足以廣似續」（註八八），而「三綱五倫」的缺乏也正是西方「他日亂機之所伏」（註八九）。因此「人心思治」則「舍我中國之聖教無由也」，以此爲前提，進而「博采泰西制器尙象之理、富國強兵之原」，而能「粗精一貫，本末同歸」，成「古今大一統之閎規」（註九〇）。由此可以發現他思想中體正是「自黃帝孔子而來」，「亘千萬世而無容或變」的「道」（教、聖教），而其展現的內容正是「三綱五倫」。

湯震認爲「中國所守者形上之道，西人所專者形下之器」，而主張求「形下之器」以衞「形上之道」（註九一）。既是要求「西器」以衞「中道」，卽表示並不主張「中道」的改變，相反地乃是「中道」的不變性得到肯定。不過，對於體的範疇他似乎並沒有明言。從他的「變法」篇的內容看來（註九二），對於三綱五倫的「恭順倫理」並沒有加以批評，也沒有提出其他取代的內容，在改良科擧考試的方案中，對「經義子史古學」的一場主張不改「成格」（註九三），再配合清朝「體制教學」的狀況，以及他所處的時空因素（註九四），則認爲他思想的中體乃是「

綱常名教」的「恭順倫理」，似乎是較爲妥當的。

因此，無論是鄭觀應，還是陳熾、湯震，思想中至少對於中體核心的三綱五倫之「恭順倫理」都加以肯定，而此似都置之於體（道）的範疇內。所以大致上其思想屬於「中體西用」論當無疑義，除非其思想中器的範疇並未納入西學，或是所納入的西學足以衝破「中體西用」的格局。因此接著擬討論他們思想中用（器）的範疇（除非必要，只討論西用），並以議院、商業、法制和學校考試制度作爲重心。而且因爲鄭觀應的主張因時序不同有所變化，故在討論議院制度時權將『易言』時代的鄭觀應思想視爲前期，而將『盛世危言』時期稱爲後期（註九五）。

㈠議院

爲了打通言路，「通上下之情」，無論前、後期的鄭觀應，或是湯震和陳熾都主張設立議院。在『易言』中，鄭氏提及「泰西列國」由宗室、勛戚及各大員出任上院議員，下院則由紳、耆、士、商中具有名望和優才的人組成，至於議案採行與否，則由君主決定，並主張加以仿行（註九六）。但是宗室、勛戚、各大員的資格如何認定，又以何方式成爲上院議員，鄭氏並未明言，至於由紳、耆、士、商中如何產生下議員，他也沒有說明。湯震的主張比起前期的鄭氏之議院主張，更顯得保守而不具代表性，以其中央議院言之，上議院議員由王公和各衙門堂官、翰林院四品以上所有官員組成，堂官以下各員和翰林院四品以下的所有官員都任下議員，而排除了在野士紳和商人（部份捐有功名者在外），使其更無代表性。至於如何「采納、別擇」議院的意見，其權仍在「君相」之手（註九七）。

後期的鄭觀應雖未明言所欲採行的議院制度內容，但從文脈觀之，仍是「英德」制的二院議會，而其議員人選資格似與『易言』中所主張的相似，由人民選出的則似限於下院（註九八）。選舉方法則是採間接選舉制，先由縣級單位人民仿「泰西投匭公舉之法」，選出各縣「議紳」，（註九九）再由縣「議紳」公舉一人到省，而後各省「議紳」再公舉二人入京（註一〇〇）。至於各級的議紳是否組成各級議院，或僅類似於選舉人團，鄭氏並沒有明言（註一〇一）。同時，他心目中的縣級選舉方式，並不是普選，而是對選舉人資格有財產等限制的限制選舉制（註一〇二），而且議院在制度上只是被視爲諮詢的機構而已（註一〇三），不過他同時也指出西方君主雖有決定軍國大政之權，但「度支」「轉餉」之權實際上則操在「庶民」之手，在此暗示他思想中議院的可能發展（註一〇四）。

在地方，陳熾主張在各府州縣設立地方議院（註一〇五），地方「鄉官」（議員）候選人雖然在資格上有財產的限制，但對選舉人的資格並未明白加以限制，僅指出由「百姓公舉」（註一〇六）。同時，「鄉官」雖是一咨詢機構，却與地方官吏之間具有一定程度的制衡功能，官吏雖有權隨時撤掉「貪婪專愎」的「鄉官」，合邑「鄉官」却可以至省彈劾縣官，如果「查有實蹟」，便得照例「撤參」（註一〇七）。此一主張的意義自不可過份膨脹，不過從民選的「鄉官」能對地方官吏產生一定程度的制衡這點來看，在當時而言，實有其意義，而對於此一主張的可能發展，也不可加以漠視。

在中央議院方面，陳熾也與後期鄭觀應類似，主張由間接選舉產生下院，而依中國閣部會議舊制成立上院（註一〇八）。他所主張的議院雖已經分享到一定程度的最後裁決權（註一〇九），但實質上仍是「事之行否，仍由在上者主之」的諮詢機構（註一一〇），不過仍不能抹煞他議院主張發展的可能（註一一一）。同時，就陳氏「議院」的主張來看（註一一二），雖然規定議員候選人必須是「薦紳」才合格，不過對於選舉人資格的規定，與選舉「鄉官」時一樣，並沒有明白的限制（註一一三），僅此而言，陳氏的「議院」主張與鄭氏相較之下，似乎擁有立基於更大民意基礎的可能。

㈡商業

由於鄭觀應是個商人，又曾長期在外國公司服務，比起其他人似乎更能了解工商業在西方社會中所發揮的動力功能，而其對商業發展的重視也可視為同儕中的代表（註一一四）。故在此以鄭觀應的思想為中心，討論他和湯震、陳熾有關商業、財政的主張。

基本上，鄭觀應和陳熾都認為「商」是富國強兵重要的一環，甚至是最重要的一部份（註一一五），而他們對於商務的一些看法，或可視為此一認識的開展。當時中國的新式工商業（舊式手工業亦然）要與西方先進國家產品競爭自有其困難（註一一六），而由於不平等條約有關協商關稅的規定，更使得中國工商業難以得到保護（註一一七）。在此背景下，鄭觀應主張中國既是「自主之國」，應可自行決定如何徵收釐捐（註一一八），而主動透過「釆公法」的手段達成收回利權的目的（註一一九）。並進一步大增進口稅，大減出口稅（註一二〇），運用關稅的徵收來保護中國工商業（註一二一）。陳熾的主張與鄭氏相類，力主收回關稅自主權「以利商」（註一二二），以「保護減稅」的方式來扶植新式工商業與西洋進口貨競爭（註一二三）。至於湯震雖也注意到此，惟顯得較為消極，他主張對「洋貨」徵稅，以「扼洋貨而保不形之利權」，而以此要求外國「平等待我」（註一二四），或當「西人以口岸要挾」之時，交涉時可以加重「進口稅則」等為交換條件（註一二五）。

雖然能利用關稅來保護中國的工商業，但終究只是提供工商業的有利環境而已，而如何來投資經營，無疑是一大問題。鄭觀應早期便認為應仿西法設「公司」以籌集資金（註一二六），欲擴充商務之時，應不用「官辦」而用「商辦」，如果「民間糾集公司精心製造者」，國家則加以保護（註一二七）。至於一些較為特殊的事業，如開礦，他認為應該由民仿西法開採，可由官方收購（註一二八）；至於船政則「官局商局並行不悖」（註一二九）；有關船塢、造船事宜，則可招商承辦，甚至可法西方的成例，由中西商人合股經營（註一三〇）；有關築路工程同樣也可由中西商人合股經營（註一三一）；至於銀行則以「以官護商」、「以商輔官」的方式加以經營（註一三二）。陳熾認為只要是「華民喜用之洋貨」，就「一律糾股集貲，購機仿造」，「以收利權」（註一三三）；而絲茶及一些大宗出口貨物，則「合官民之力」，糾集公司（註一三四）；至於類似開礦，則主張以「官督商辦」的方式經營（註一三五）；其中像「鐵政」須用「西法」經營的，則提撥「官款」以助成（一三六）。湯震在討論「理財」事宜時，引西人「從無以商合官者」之例，認為官方主要是扮演倡導者的角色，一旦「任之商」，則不以「官」參與（註一三七）；至於像「招商局」這類的企業，恐怕「官辦難久」，應可「分商包辦」（註一三八），「

任官不如任商」，甚至應該「兼任洋商」（註一三九）；至於像築鐵路，則政府一方面「籌款墊造」，一方面更應「招商認造，以所造路權利屬之」（註一四〇）；像絲茶這類外貿大宗，爲避免少數商人不顧品質有矇騙行爲，以致「洋商裹足」，可設公司經理（註一四一）；至於像紡織之類「開中國之風氣」的新式工商業，他則主張由民間任意投資經營，反對官方壟斷（註一四二）。在另一方面，如製造「機器」的企業，則不須再由外國官方介派顧問，可以直接「招徠洋商洋匠」，由中國駐外使節咨明總理衙門，由官方發給憑照在各口岸開設「製造局廠」（註一四三）。同時爲了促進研究發展，鄭、湯、陳三人都主張仿「西法」授予「專利」或獎勵（註一四四）。

從前述的討論中，可以發現三人對純由官辦的商業經營並不十分熱衷，其中陳熾的「官督商辦」思想殘餘較爲明顯，鄭觀應則又流露出來某種程度的「商辦」壟斷經營意味（註一四五），不過三個人在一般日用輕工業上似都傾向主張不同程度的「商辦」，其中湯震對於「官商合辦」與「官督商辦」的批評，似乎是較激烈而且是較徹底的（註一四六）。

在設立商務主管部會（商部），以及制定「商律」方面，鄭觀應在其著作中一再提及，基本上乃是模仿西方的「成法」（註一四七）；而在學習西方的公司組織之時，他則主張制定「公司法」（註一四八），同時由商人公舉「商董」，在公舉中再擇一人，負責「商務局」工作以「護商」（註一四九）；另外並主張在「商務局」下兼設「商學」，以教貿易、經商之法（註一五〇）。陳熾也主張仿「西法」設立「商部」，並以「西律」爲底本刪定「商律」（註一五一）；另外他主張仿「平準之制」，「總挈中外，益寡裒多，使商有所贏，而民不為病」（註一五二）。在此表現了他思想中「商辦」商業的限制，以及國家力量積極介入市場運作的主張。

在銀行、金融方面，湯震雖沒有明確地討論銀行組織，却主張將國家機關的「官庫」改成國營企業的「官號」，以吸收民間資金（註一五三）；同時主張藉著民間「商號」的信用來推廣「鈔幣」（註一五四），並由民間鑄造錢幣，而國家則對其盈餘加以徵稅（註一五五）。陳熾則主張國家設立專門機構，「參仿中西，以行鈔法」，與既有的銀行、滙號並行不悖，而收取其營業許可費；同時由金融機構吸收資金和經營一般金融業務（註一五六）；並且主張由各省「設局購機」，仿西法鑄錢（註一五七）。鄭觀應早先主張由戶部設一專門機構負責鑄銀，不許民間和各省官員開鑄（註一五八）；後又較為放寬，准許各省鑄造，但由戶部統一核收（註一五九）；主張統一銀幣（成份）（註一六〇）；同時，鄭也主張採行「金本位」制，這在當時是十分特殊的（註一六一）；另外他主張仿「西法」設銀行（註一六二），並由官方保證民營銀行的最低盈餘，不足時由官方貼補，超過時則官方收取「贏餘」（註一六三）；並主張由各海關銀號經手，仿「西人之法」以籌借民款（註一六四）。就此而言，他們對於銀行提供資金便利民間發展工商業的功能並未重視，而多僅希望藉銀行（或準銀行）來發行通貨，且多注意政府如何藉此謀利或吸收民間資金而已。

同時為了振興商務，或講求工藝製造，鄭、湯、陳三人都主張模仿西方博覽會的方式（註一六五）；另外鄭觀應和陳熾也主張推行「保險」制度（註一六六）。

㈢法制

為了爭取合理權益（如關稅自主，廢除治外法權），鄭觀應在『易言』中便主張采用「萬國公法」（註一六七），當然這意味著中國成為萬國中的一國而已（註一六八）。而陳熾也認為應將「公法」視為專門之學，主張「援古證今，折衷至當」，加以採行（註一六九）。另一方面，稍後鄭觀應由於對西方認識的增加，意識到公法的有效與否和國勢的強弱有相當的關係（註一七〇）。

鄭觀應主張中國應該「上法三代之盛典」，「旁採西國之良規」（註一七一），講求西方的律例（註一七二），並在討論對外交涉時，認為應該「參用中西」，立一「公允通行之法」，便得中外人士皆能遵守，如果仍無法達成，甚至可進一步用「洋法」治「洋人」，使得外國人在中國犯罪不能規避法律的制裁；同時為了「一律持平」，也以「洋法」治華人，並採行西方的律師辯護制度（註一七三）。同時，他也主張採用陪審團制度，注意犯人所受待遇的改善（註一七四）。鄭氏並指出西方現行的法律較合中國古人之意，而中國現行法則顯得較嚴苛（註一七五），湯震、陳熾的看法也與此類似，主張修改中國的法律（註一七六）。另外，陳熾也注意到當時地方官吏對教民與一般人民的待遇並不平等，主張加以改進（註一七七）。

鄭觀應並一再主張中國必須制定憲法，強調無論是民權、君民共治或是君權，都不可沒有憲法（註一七八），直接指陳「有治人而後有治法」的「古」說法正可與專制政治互相發明（註一七九），至於他所主張的「立君政治」則與「有治法而後有治人」的看法相近（註一八〇），他並且把設議院與行公法二者賦予密切的關連，認爲「必先立議院」，而後公法才「足恃」（註一八一）。同時，他並主張政府應該仿西法建立預算制度（註一八二），照「泰西之例」在華民寄居之地設公使、領事以保僑（註一八三），並仿西法推行社會福利（如善堂、醫院）（註一八四）。陳熾也主張設領事以保僑民（註一八五），和設立善堂（註一八六）。另外鄭觀應也主張仿外國制度設立一些專門性部門，如主管教育事宜的文部（註一八七），並由戶部派一員侍郎負責「綜理農事」等等（註一八八）。而湯震也主張「變」六部既有的不當舊「法」（註一八九），其中較重要者乃在於主張軍機處設一宰相與一協辦來掌管，而其人選的產生「宜參國初會推及泰西議院之略擇吉」，「令閣部院監寺科道，不分滿漢，見任額外，齊集闕下，人書京外三品以上大員兼資文武、洞悉中外、能任宰相協辦者各一人，投之匭」（註一九〇）。這在當時雖然已經是很激烈的改革論（註一九一），不過，對此一主張不宜過度誇張其意義，因爲選擧以後是「恭候宸斷」的，其本質只是湯氏自己所指出的「會推」之法的改良而已。在此主要乃擇三人主張中與西制有某種關連又和中國舊制具有根本性不同的可能點加以討論，至於前面已討論者則不再贅述，其他的一些主張則多置於下文討論。

㈣學校與考試制度

在鄭觀應、湯震和陳熾三個人中，湯震似爲最重視學校和考試者，將之視爲「變法」之「本」，認爲「學校不變，考試不變」，則「人心不變」，其餘他所主張的「變法」各端縱使實行，也是「齊末不揣本」，「變亦無异（異）於不變」，反給主張「不變者」口實（註一九二）。

湯震意識到學校教授「新學」培植「人才」是議院的「原本」（註一九三），主張將各省府州縣既有的書院加以改良，一方面「剷除舊令」，改聘「諳習西學者」做教習，頒示以「同文館章程」（註一九四），另一方面則主張籌款仿「泰西徧地設學」推廣學校（註一九五）。同時認爲從八股出身的人並不適合擔任「總署海軍堂司」的職務（註一九六），主張停止一切的「武試」，將經費設置西制的「武備院」（註一九七），而所需的將材則「擇自洋員，簡自漁船，募自海濱，練自學堂，培植自出洋學生」（註一九八）。至於「文科」方面則沿襲朱熹、馮桂芬主張改革科舉的方式，進一步要求將「經義、子、史、古學」併爲一場；「專論當代之典章制度或新有疑難」的「時務」列爲一場；至於以「天算地輿」「西律公法約章」等學爲考試內容的洋務另爲一場，並「不拘何格」（註一九九）。

陳熾也意識到「學」的重要性（註二〇〇），主張各省督撫分飭所屬「仿書院之意」廣設學校，「廣儲經延」，「延聘師儒」，以「正人心」，「維風俗」，至於既有的同文、方言、水師、武備各館，則可併入其中，並延聘洋師兼攻西學，而能「體用兼備」（註二〇一），同時並應建立「書樓」，典藏「官局所刋備文咨取」，並收購民間所刻的「石印有用書」，至於「西書則除教事外」，亦宜「博采無遺」（註二〇二），而書院的齋舍」制度則參酌模仿「華洋」（註二〇三）。同時，他並主張建立一些專門學堂，如「女塾」（註二〇四）、「醫學」（註二〇五）、沿海諸埠廣設的「工藝學堂」，和南北洋海軍、招商、鐵政、織布紡紗及官局製造各局自設的學堂（註二〇六）。至於對當時的既有考試科目，他反對加以廢除，而主張加以推廣增設「藝學」一科（註二〇七），而書院畢業欲應考「藝學科」的人，授予生員的資格（註二〇八），對於像出使的「使才」、參贊和隨員，則以類似專門人員考試的方式給予資格（註二〇九）。

鄭觀應在『易言』中反對廢除文科，認為「千古綱常名教經濟學問」都是從「經史」出，都是由「文義」所生，而主張分列四科（註二一〇）。而「武試」方面亦分列三等，以取將材，一是「詢山川形勢，軍法進退」以測驗應試者的「韜略」；二是「問算學、格致、機器製造以窮其造詣」；三是測驗應試者測量和使用槍礮的能力，另外他主張在各省會設置書院，聘請精通西方天球、地輿、格致、農政、船政、化學、理學、醫學及各國言語、政事、文字、律例的人任教，而後升至設在京師的大學堂研讀，如果期滿考取上等者，則「獎以職銜」，派赴總理衙門、海疆督撫或船政製造等局「當差」，或擔任駐外使節的隨員（註二一一）。

在『盛世危言』之中，鄭觀應對既有的科舉制度，持較激烈的態度，認為應該優先考慮「選材於學校」（註二一二）。他意識到學校的推廣與設立議院有相當的關係，主張無論設不設議院，皆「急宜仿西法廣開大小學校，以育人才」（註二一三），文武各分大中小三等，設於各州縣的是小學；中學則設於各府；設於省會、京師者是大學（註二一四）。為講求「泰西士農工商之學」，他又主張「廣設學堂各專一藝」，而「仿司馬光求設十科考試之法」，以示鼓勵（註二一五），並廣開「藝院」，教育人材，「以格致為基，以製造為用」（註二一六），而有「機器技藝學院」與類似職業訓練所的「教養窮民工藝院」（註二一七），同時仿西制在各廳、州、縣成立書院時，須有「藏書」（註二一八），同時「選譯各國有用之書，編定蒙學、普通、專門課本，頒行各省」（註二一九）。另外鄭氏也主張推行女子教育（註二二〇）。

鄭氏並注意西方在培養將才方面，「有專書，有專師，分門別類，循序致精」，而主張仿行（註二二一），如仿美國水師學堂、德國學堂章程（註二二二），「請於各省設水陸軍武備學堂」（註二二三）。值得注意的是，他把軍隊視爲傳授技藝，從事生產的另一場所，將「陸軍變爲學堂」，又有「兵工合一」的意味（註二二四）。

若是不能選材於學校，鄭觀應主張文科考試分爲兩科，一則改良既有科考的內容，分爲「考經史」、「策時事」、「判例案」；二則在首科考畢後，由「海疆各省主試者就地會同各西學大學院山長，訂期掛牌招考西學」，分爲三場，一試「格致、算、化、光、電、礦、重」諸學，二試「暢發天文精蘊、五洲地輿水陸形勢」，三試「內外醫科及農家新法」。主張重視考生的「藝」甚於「文」。中試者依其專長分爲「政學舉人」、「藝學舉人」，而於「制藝」之外一無所長的是「文學舉人」，認爲前兩者比後者重要（註二二五）。在武科方面則分爲三等，一是有關「戰守」「應變」的韜略和地形地物的應用，二是器械的使用、駕駛能力，三是「製造機器」與建築營壘及製造攻守諸具。中試者凡「武秀才考有大學院執照者」可稱舉人，如無大學院執照，則入武備院、水師學堂、藝術院進修，期滿列上等者，前二者出身稱武學舉人，後者出身稱藝學舉人（註二二六）。在推廣西式學校方面，既然多將學習西學作爲主要目的之一，則與舊式私塾相較之下，中學的涵蓋面無可避免地並不再具有壟斷性，在課程安排上也可能份量較少，重要性無可避免地降低了。

(五)其他

三人對於處理當時中國水旱災問題，大體上皆同意引進西法和機器來輔助，如種樹、挖泥船等（註二二七）。鄭觀應和陳熾二人也大力鼓吹引進「西法」和使用機器生產（註二二八）。他們三個人也都主張在中國修築鐵路，推行電報、郵政（包括裁併驛站），自營輪船（註二二九），鄭觀應更主張「仿德制，廣興船政學堂」，訓練自己的行船人員，以收利權（註二三〇），同時他們也多注意到鐵路的通商運輸之利（當然仍同意李鴻章等洋務派視之爲具有運兵等功能的國防利器）。

至於使用「西法」開採中國的礦產，鄭、湯、陳並無異議（註二三一），鄭觀應更在『易言』中便指出煤鐵是槍砲、舟車等器械製造的基礎（註二三二）。

早在鴉片戰爭期間有識之士卽主張「師夷之長技以制夷」，其中西洋的火器和戰艦是最被注目的（註二三三），而自強運動的重心也正在學習西方的船堅砲利，並用西法練兵。對於自強運動推動一段時間後的「中體西用」論者而言，同意前述的這些「西器」必須學習（可能不再視爲重心），是不言可喻的。在此也不再贅言，而僅就鄭、湯、陳三人更進一步的主張（相對於當時自強運動的施行結果），加以敍述、分析。

鄭觀應不僅主張引進西方的海軍，更主張一律撤裁「舊式水師」（註二三四），湯震則在主張「采用西學，整飭海軍」（註二三五）之外，主張全數裁撤「沿海水師」，長江內河部份，也應「以次裁撤」，而「量製淺水兵輪」（註二三六）。鄭氏並主張設立海軍「巡海經略總統」使海軍獨立，並主「仿西制，海軍可節制陸軍，陸軍不可節制海軍」（註二三七），注意到「西制」「武員可以兼文，文員不能兼武」（註二三八），強調海軍的獨立性與重要性，並注意到武官的地位，他並主張仿效西方的軍事醫療制度（註二三九）。另外鄭觀應和陳熾則主張參考西方全民皆兵之制，在中國練「保甲團練」（註二四〇），鄭氏並主張仿西法，建立退休俸和撫恤金的制度（註二四一），批評由文官決定武員的升降，對於「訓兵口號」主張改爲華語（註二四二），湯震也有類似的主張，雖然「既用洋操，不能不用洋號」，但應譯爲「清語」或「漢語」（註二四三）。

對於「巡捕」（警察）制度，鄭觀應主張仿設，並在各城鎮仿日本之法設立警察署，招募巡捕，在鄉村設「巡捕房」，編附地方官，從事人口、職業、產業調查（註二四四），陳熾也主張參仿西制「巡捕章程」，負責「編立門牌」，稽察街衢清潔、渠道疏通，和負責治安，先在京城施行，而後頒行天下，同時通商口岸的巡捕也應改用「華人」（註二四五）。至於人口、職業調查，陳熾主張「詳考中西編審之制」，而後明定章程，與保甲並行頒之天下，始於通商各埠，而漸及於內地諸城（註二四六），他並主張仿「西之工局」，負責路政（註二四七）。

鄭觀應並主張推廣報紙，可與議院相輔相成，政府並可津貼報館（註二四八）；陳熾也力主准民間仿「泰西章程」，自設報館，資本不足時官方應該資助，可「達君民之隔閡」，宣導國家的政令（註二四九）。而鄭、湯、陳三人亦多主仿「西例」派親貴出國遊歷（註二五〇），可以西方的經驗作爲國家施政的參考。

陳熾並特別提出「仿西法」，派員密赴沿邊、沿海分繪精審地圖（註二五一），和繪製海圖（註二五二），並認爲「電學」也是他日「師夷制夷之樞紐」（註二五三）。而鄭觀應爲了「大開民智」，更認爲中國應「頒行」拼音文字（切音快字），以提高識字率（註二五四），此一主張直可視爲其後中文拼音化的思想先導，在中國近代思想史脈絡中，具有相當意義。

根據前面的討論，可以發現他們不僅對西方長處的認識，已經超過「船堅礮利」的範圍，而所欲從西方學習的也不僅是「船堅礮利」，和製造火器所需的「西學」而已，進一步更主張引進西方的「求富」之「法」，和「求富」所需的「西學」，以及部份西方的政治，社會制度，使能配合追求「富強」的需要。

在『易言』中，鄭觀應認爲與西方相較之下，中國宜修「公法約章」，宜精「槍砲器械」，宜練「兵制陣法」，宜興「輪船火車電報」，宜通「天球地輿格致測算等學」，宜擧「礦務通商畊織諸事」（註二五五），也提及「下仿泰西之良法」（議院）（註二五六）。其中「公法約章」與「議院」乃是屬於政治制度層面之物，因此主張採行西方「公法約章」與「議院」，便意味將制度層面（部份）納入西用的範疇之中（註二五七）。雖然前、後期的鄭觀應、湯震和陳熾對於西用的範疇並不相同，但是將包括議院在內的制度層面（部份）納入西用的範疇，則是他們三人「中體西用」思想中共有的現象。而陳熾對此一立場的表白是最清楚的，他明指「泰西之所長者政，中國之所長者教」，把「政」與「教」加以分離，而使政離開體（道）而合於用（器）（註二五八）。

由於在他們三人的著作，對西用的討論較爲具體，且以中國近代思想史的脈絡來看，採用西用的主張，應爲其思想主要意義所在（註二五九），故在此擬以前面討論的結果及原典記載，大致列舉其西用的範疇，而後在與西用的範疇對照之下，使中體的範疇浮現其外貌。

鄭氏的西用範疇包括：議院、國際法、憲法、國內法、訴訟制度、商部、公司、學校、親貴出國考察、預算、圖書館、報紙（輿論）、兵制、選舉方法、吸收民間資金（國家）、稅捐、貨幣、銀行、保險、社會福利、領事、關稅徵收方式、巡捕、戶口調查、兵器、專利、工廠（製造生產）、開礦、鐵路、電報、郵政、船政、農事、展示會、治水、監獄管理、拼音文字等等（註二六〇）。

陳熾的西用範疇包括：議院、國際法、國內法、商部、公司、學校、親貴出國考察、圖書館、報紙（輿論）、兵制、選舉方法、吸收民間資金（國家）、貨幣、銀行、保險、社會福利、領事、關稅徵收方式、巡捕、戶口調查、兵器、專利、工廠（製造生產）、開礦、鐵路、電報、郵政、船政、西醫、農事、展示會、治水、監獄管理（註二六一）。

至於湯震的西用範疇則包括：議院、國內法、公司、學校、親貴出國考察、兵制、選舉方法、吸收民間資金（國家）、貨幣、關稅徵收方式、兵器、專利、工廠（製造生產）、開礦、鐵路、郵政、船政、展示會、治水（註二六二）。

基本上從前面大概的歸納中，可以發現鄭氏西用的範疇比湯震和陳熾的大，不過必須注意其中農、牧、漁及其他生產事業，以及船堅礮利、交通運輸，乃至於政法各方面的西學（包括西技），在他們「中體西用」論的思考下，皆可被納入用的範疇。由於西用已包含了部份的政、法，所謂不可變的中體便必須由那些部份退縮。當然，這並非意味著他們思想中的中體範疇已退縮到其核心的三綱五倫之「恭順倫理」。因為在理論上中體核心既然不變，則制度上的變革也以不抵觸此一不變的中體核心為前提，如此制度上的變革必受到相當的限制。而雖然已有政教分離的趨向，在他們實際的主張上，也沒有將中體完全由政、法層面撤出的事實。

在討論他們「中體西用」論的範疇之後，在此擬討論他們思想的開展對「中體西用」論格局可能的突破。既提及思想的開展，則在此便不是指涉其思想的本身，而是指其思想發展的可能。

從主張設立議院來看，鄭觀應認為，在西方君主雖有決定軍國大事之權，但是「度支」「轉餉」之權則實際上操在「庶民」之手（註二六三）。本來在西方「議院」對財政的掌握是議會發展的重要一環，鄭氏將「軍國大政」與「度支轉餉」之權分屬君主與議院是「君民相維，上下一德」，這可能是他對西方的認識，不過在實際的政治運作中，「軍國大政」與「度支轉餉」有相當的關連，一旦二者的決案不同，勢必導致衝突（類似立憲國家的憲政危機），而當彼此的利益嚴重衝突時，便可能造成對既有體制的挑戰，萬一體制運作無能解決此一兩難的困境，則既有體制的解體是十分可能的。這只是以鄭觀應對議院認識中的一則加以說明而已，事實上根據他的設計，議院在政治結構的決策過程所扮演的角色，即有可能發展出前述的結果（註二六四）。至於陳熾與湯震在議院的主張上雖與鄭氏有所不同，不過其發展的可能卻是相似的（註二六五）。而清末「立憲運動」實際行動的展開，以及立憲派與辛亥革命的關係，正可以作為前述推論的註脚。同時湯震本人雖然此時在議院的主張上，是三人中對中體最不具威脅性的，但是在清末立憲派的行動中，他的表現正與「恭順倫理」產生嚴重的矛盾（註二六六）。

另外在改革科舉與官僚出身方面，以「有修養」而不是「專業」爲選拔標準的科舉制度（註二六七），面對了修正的主張。而一旦修正作爲「體制教學」重要基石之一的科舉制度，「中國本位文化」的基礎便遭到從根本腐蝕的可能，「道統」的觀念也不再能藉著科舉考試成爲官僚預備人選的「官定意識型態」了（註二六八）。因此在選拔官僚的過程中，作爲清朝「體制教學」的官定朱子學所涵蓋的層面越小，則表示作爲中體核心的「綱常名教」藉著科舉所能達成的「社會化」程度愈小（在此僅就科舉而言）。以此爲前提，鄭觀應、湯震和陳熾改革科考的意見，一旦施行，都有削弱中體核心（綱常名教）的可能性，而意見中改良科考程度較大的鄭觀應、湯震之思想對中體核心造成負面影響的可能性較大，而反對廢除當時既有的科考科目，主張增設「藝學」一科的陳熾可能造成的「負面影響」就較小（註二六九）。

就本節討論的非主流派「中體西用」思想看來，多將船堅礮利的引進，置於次要的地位，並承繼了郭嵩燾、馬建忠、薛福成（尤其是出使後）富民的思想，且將富國置於強兵之前。對於中體核心三綱五倫之「恭順倫理」的肯定，無疑是他們作爲「中體西用」論者的必然現象，而在西用的範疇上，彼此則有相當的差距。其中鄭觀應、陳熾、湯震三人的比較，前面已有詳細的討論，在此不再贅述。而以他們三人爲一方，與王韜的西用範疇比較。其間最大的差異，似在引進的西用是否擴及到政制、法律範疇。就此而言，鄭觀應、陳熾、湯震彼此雖有不同，但是西用的範疇已明白地包括政法層面。也許因爲時序稍前，王韜除了軍事、外交方面引進部份西方政法以外，並未引進其他重要的西方政法。不過必須指出的是，所謂時序稍前，並非指王韜的認識不如其餘三人，而是意味著見氣候的不同，因爲就本文的討論而言，王韜對西方近代議會政治本質的認識，不僅不比其他三人稍遜，而且就議會擁有最終決定權這點而言，比湯震、陳熾似還明確。

【註釋】

註一：王韜，「與周弢甫徵君」，『弢園尺牘』（以下簡稱尺牘）（台北，大通書局，不詳年代），卷四，頁一五〇。

註二：同上註，頁一五三～四；另參見「洋務下」，『弢園文錄外編』（以下簡稱外編）（上海，光緒二十三年仲夏刊本），卷三，頁三b，此二處的見解幾乎完全一致。

註三：王黎明，『清末的變法思想（一八六〇～一八九八）』（台北，嘉新水泥公司文化基金會，民國六十五年出版），頁九。

註四：王韜，「平賊議」，『外編』，卷七，頁三a。

註五：小野川秀美以爲王韜在「變法自強」及「變法」篇的主張中，治民的比重比治兵爲輕。不過這乃就內容比重而言，而不可謂之王韜基本態度的轉變。參見小野川秀美，前引書，頁二六。

註六：王韜，「變法中」，『外篇』，卷一，頁一一a～一二b。

註七：「杞憂生易言跋」，同上引書，卷一一，頁一二a。

註八：有關官定朱子學的此一可能性，可參考本文第一章的討論。
註九：王韜，「與周弢甫徵君」，『尺牘』，卷四，頁一五六。
註一〇：王韜，「書衆醉獨醒翁稿後」，『外篇』，卷一〇，頁一一a。
註一一：「上當路論時務書」，同上引書，卷一〇，頁一八a。
註一二：「答強弱論」，同上引書，卷七，頁一六a。
註一三：轉引自小野川秀美，前引書，頁二七。
註一四：王韜，「變法自強上」，『外編』，卷二，頁五b。
註一五：王韜，「洋務下」，『外編』，卷二，頁四b。
註一六：「變法上」，同上引書，卷一，頁一〇a。
註一七：「代上廣州馮太守書」，同上引書，卷一〇，頁二五b、二七a～b。
註一八：同上註，頁六b。
註一九：「變法中」，同上引書，卷一，頁一二a～b。
註二〇：「變法下」，同上引書，卷一，頁一四b。
註二一：「變法自強中」，同上引書，卷二，頁六b～七a。
註二二：同上註，頁七a。
註二三：小野川秀美，前引書，頁二五。
註二四：王韜，「變法下」，『外編』，卷一，頁一四a～b。

註二五：「治中」，同上引書，卷一，頁二一a。
註二六：「變法自強中」，同上引書，卷二，頁七a。
註二七：同上註，頁七b～八a；另參考小野川秀美，前引書，頁二五。
註二八：王韜，「變法下」，『外編』，卷一，頁一四b。
註二九：「洋務下」，同上引書，卷二，頁四a。
註三〇：「練水師」，同上引書，卷三，頁一二a；前述這些主張可與王韜主張設立「武備院」、「藝術院」對照，「變法自強中」，卷二，頁七a。
註三一：「變法中」，同上引書，卷一，頁一二b。
註三二：「變法自強中」，同上引書，卷二，頁八a。
註三三：「治中」，同上引書，卷一，頁二〇b～二一a。
註三四：小野川秀美，前引書，頁三八。
註三五：王韜，「洋務上」，『外編』，卷二，頁一b。
註三六：「洋務在用其所長」，同上引書，卷三，頁一九b。
註三七：「治中」，同上引書，卷一，頁二一b。
註三八：「代上廣州府馮太守書」，同上引書，卷一〇，頁一九b。
註三九：「興利」，同上引書，卷二，頁三a～一四a。
註四〇：「重民中」，同上引書，卷一，頁一八b。不過，王韜在他處又有「商督商辦」的主張，見「代上廣州馮太守書」，卷一〇，頁二一b。
註四一：「興利」，同上引書，卷二，頁一四a。
註四二：「治中」，同上引書，卷一，頁二一b。
註四三：同上註，頁二二b；及「興利」，卷二，頁一四a。
註四四：「代上廣州馮太守書」，同上引書，卷一〇，頁一九a、二二a。
註四五：「建鐵路」，同上引書，卷三，頁二三b。
註四六：「治中」，同上引書，卷一，頁二二a。
註四七：「變法自強上」，同上引書，卷二，頁五b。
註四八：「睦鄰」，同上引書，卷一，頁二三b～二四a。
註四九：王韜的手書影印本，參見陳振國，「長毛狀元王韜」，『逸經』，卅三號，頁四三。轉引自汪榮祖，『晚清變法思想論叢』（台北，聯經公司，民國七十二年版），頁一四六。
註五〇：王韜，「變法自強下」，『外編』，卷二，頁一〇a。
註五一：「重民下」，同上引書，卷一，頁一九b；又鄭觀應「議院」的主張請參看下面的討論。
註五二：孫會文，前引文，頁一七九，並參見閔斗基，前引文，頁一八一。
註五三：王韜，「重民下」，『外編』，卷一，頁一九b。
註五四：「原學」，同上引書，卷一，頁二b～三a。
註五五：「答強弱論」，同上引書，卷七，頁一六b。

註五六：「六合將混爲一」，同上引書，卷五，轉引自小野川秀美，前引書，頁二四。

註五七：參考夏東原，「鄭觀應思想發展記」，『社會科學戰線』，一九七九年十二期，及西順藏編，前引書，六七～八。

註五八：Yen-P'ing Hao, *The Comprador in Nineteenth Century China: Bridge between East and West*, (Cambridge, Mass.: Harvard University Press, 1970), p. 203及"Cheng Kuan-Ying: The Comprador as Reformer", *Journal of Asian Studies*, 29:5 (Nov., 1969), p. 18。

註五九：參考小野川秀美，前引書，頁六九。當然此處討論的湯震與陳熾也有此可能性，後文將對此有所討論。

註六〇：有關鄭觀應的『易言』刊本，學者之間頗有爭議，可參考市古宙三，「鄭觀應の『易言』について」，『近代中國の政治と社會』（東京大學出版會，一九七七年版），頁二六二～七〇，市古的見解可見頁二七〇。至於本文所引用的乃光緒六年（一八八〇）中華印務總局刊本的微卷，根據前述市古宙三的意見和劉廣京的看法，以光緒初年的史料對待似乎是較妥當的，參見劉廣京，「鄭觀應『易言』—光緒初年之變法思想（上）」，『清華學報』第八卷一、二期合刊本（台北，民國五十九年八月），頁三七九。至於可能於光緒十九年（一八九三）初刊的『盛世危言』，筆者並未見到，僅看到影印自哥倫比亞大學東亞圖書館的光緒庚子（一九〇〇）待鶴齋重印『盛世危言增訂新編』本（台灣學生書局民國五十四年刊本），以及出版年代無法確定的上海六先書局刊行的『盛世危言正續篇』（此係筆者的意見，因翻遍全書未見可靠的出版年代，至於范振乾則認爲此書年代在學生書局刊本前，見范振乾，『鄭觀應的改革理論（一八六〇～一九一一）』（台北，台灣大學政治研究所碩士論文，民國六十六年，頁二四），及台灣大通書局民國五十八年影印出版的『盛世危言後編』，其書首雖稱宣統元年（一九〇九）刊本，不過范振乾的研究則指出其內容有民國十年（一九二一）左右的作品，見范振乾，前引書，頁四七。本文乃是以『新編』爲底本（年代確定），再參照『正續編』。根據小野川秀美的看法，湯震的『危言』刊於光緒十六年（一八九〇），而陳熾『庸書』則可能是光緒十九年（一八九三）寫的，並以陳氏的「盛世危言序」推論『盛世危言』與『庸書』之間並沒有重大的相異之處，可視爲立場頗爲相近的兩本書，見小野川秀美，前引書，頁五六～六六。筆者本文所用的『危言』則是光緒十六年鋟木，光緒二十一年（一八九五）的石印本；至於『庸書』則是光緒戊戌年（一八九八）愼記書莊印本，台北台聯國風出版社民國五十九年重印本。而濃厚的「西學源出中國說」與主張設立議院可視爲他們三人思想共有的特色。

註六一：鄭觀應，「盛世危言初刊自序」，『盛世危言增訂新編』（以下簡稱新編），頁二六～七。此處所謂的「體」指「育才於學堂，論政於議院，君民一體，上下同心，務實而戒虛，謀定而後動」，而「用」則是「輪船、火礮、洋槍、水雷、鐵路、電線」。

註六二：鄭觀應，「西學」，『新編』，卷一，頁二四八。本文在第一章第二節「『體用』論之演進」一節中，曾指出朱熹的「體用」思想中，有「體」有自身的「體用」，「用」也有自身的「體用」

，此處鄭氏的「本末」如代之以「體用」則完全相同。
註六三：鄭觀應，「盛世危言增訂新編凡例」，『新編』，頁三六。
註六四：「道器」，同上引書，卷一，頁四八。
註六五：同上註，頁四六～七。
註六六：參見本文第一章第一節「『道器』論之演變」的討論。
註六七：鄭觀應，「西學」，『新編』，卷二，頁二四五。
註六八：鄭觀應，「藏書」，『盛世危言正續編』，卷三，頁二一a～b。
註六九：鄭觀應，「議院下」，『新編』，卷一，頁七五。
註七〇：「道器」，同上引書，卷一，頁四五。
註七一：近藤邦康認爲，鄭觀應是以泰西工藝遠非中國所及，而虛心地承認西方「器」的優越，他所關心的是要藉擁護三綱五倫，而軟化以此爲口實而反對一切改革的頑固派，而積極地採用歐洲的制度與技術。因爲他不關心擁護或否定「道」，所以沒有思索何謂「道」和「道」與「器」有何關係之事，毋寧是當然的。見近藤邦康，「清末變法論と譚嗣同の思想」，『中國近代思想史研究』（東京，勁草書房，一九八一年版），頁一八。近藤邦康的說法雖指出鄭氏何以沒有仔細討論「中道」與「西器」的關係（如二者的對立），不過參考鄭氏的說法，難免有推論過度的嫌疑。另參見小野川秀美，前引書，頁七〇。
註七二：湯震，「中學」，『危言』，卷一，頁九a～b。

註七三：筆者必須再次指出，由於「西學源自中國說」究之事實，實有所不妥，故湯震思想中的「中道」與「西器」事實上呈現某種程度的對立狀態。

註七四：陳熾，「自強」，『庸書』，內篇卷上，頁二四。此處陳熾對「教」的定義，與朱熹的看法並無二致，參見黎靖德編，『朱子語類』，卷六二，頁五八七。

註七五：同上註，頁二三；另參見同書，「格致下」，外篇卷下，頁三七七。

註七六：「審機」，同上引書，外篇卷下，頁四一四。

註七七：「西書」，同上引書，外篇卷上，頁二二九；及「盛世危言陳序」，『新編』，頁一九～二四。

註七八：「審機」，同上引書，外篇卷下，頁四一四。

註七九：「藝科」，同上引書，外篇卷上，頁二四四。

註八〇：「聖道」，同上引書，外篇卷下，頁四二四。

註八一：鄭觀應，「盛世危言初刊自序」，『新編』，頁二五。

註八二：「道器」，同上引書，卷一，頁四八。

註八三：「訓俗」，同上引書，卷二，頁三四五～六。

註八四：鄭觀應，「論機器」，『易言』，上卷：頁二七b。

註八五：鄭觀應在此表現出擁護官定朱子學與「體制教學」的意味，我們可以發現這與野村浩一對清朝「體制教學」的敍述十分相似。

註八六：陳熾，「格致」，『庸書』，外篇卷下，頁三七七。

註八七：「自強」，同上引書，內篇卷上，頁二二。

註八八：「審機」，同上引書，外篇卷下，頁四一五。

註八九：同上註，頁四一四。

註九〇：「聖道」，同上引書，外篇卷下，頁四二四。

註九一：湯震，「中學」，『危言』，卷一，頁九a～b。

註九二：「變法」，同上引書，卷四，頁二九a～三一b。

註九三：「考試」，同上引書，卷一，頁一〇a～b。

註九四：出身光緒十六年進士的湯震依理乃是「體制教學」下的既得利益者，在其求取功名的過程中，應對官定朱子學有所了解，而本書鋟板的光緒十六年，依筆者目前的瞭解，尙未有較流行的思想對綱常名教作一根本地攻擊，除非有證據，不宜猜測其思想與時空因素有太大的差異。

註九五：有關鄭觀應思想的演變，可參閱夏東原，「鄭觀應思想發展記」。

註九六：鄭觀應，「論議政」，『易言』，卷上，頁三八b～三九a。

註九七：湯震，「議院」，『危言』，卷一，頁七a～b；根據小野川秀美的說法，認爲湯震「議院」篇的主張，可以說是最早討論議會制度的作品，在當時是很極端的改革論，見小野川秀美，前引書，頁五二；而郝延平則在討論鄭觀應思想時，指出鄭觀應可能是近代中國改革者中第一個提議建立議院的人，Yen-P'ing Hao, <u>The Comprador in Nineteenth Century China</u>, p. 203, 以『易言』的內容和成書年代觀之，郝延平的說法應可相信。

註九八：鄭觀應，「議院上」，『新編』，卷一，頁五～一一。

註九九：同上註，頁五四。

註一〇〇：「議院下」，同上引書，卷一，頁七六。

註一〇一：鄭氏曾提及西方各級議員應轉達人民好惡和表達對行政措施利弊的看法，惟是否實施，似未明言，參看「公擧」，同上引書，卷一，頁八九。

註一〇二：鄭觀應認爲必須「入本籍十年」以上，年滿三十，「有財產身家，善讀書，負名望」，才有選擧議員的資格，「議院上」，同上引書，卷一，頁五四。此一議員選擧人資格的限制，在十九世紀的歐洲議會選擧中，也是一般的現象，不過鄭書本非成於一時，其中頗見差異，有關選擧資格，可另參見「公擧」，『新編』，卷一，頁八八～九，惟鄭氏是否主張依此實行，並不確定。

註一〇三：因爲在鄭觀應的「議院」中，雖能討論決定議案，然議案能否執行的終極決定權仍在君主之手，對「議院」決議的貫徹並沒有任何保證，「議院上」，『新編』，卷一，頁五〇，及「議院下」，卷一，頁五九，同時在後者中，鄭氏對君主不同意議案時，僅說明「發下再議」，對於君主始終不同意而議院一再通過的議案如何解決並沒有交待，此乃其思想中可能突破「中體而用」格局的一點，後文將再論及。又『新編』附有蘇州許象樞的「議院論」，主張大學士、六部大臣及總理衙門海軍大員，督撫提鎭及駐各國使臣皆咨於議院，『新編』，卷一，頁八二。

註一〇四：「公擧」，同上引書，卷一，頁八九。

註一〇五：「鄉官」，同上引書，『庸書』，內篇，卷上，頁四九～五三。湯震則並沒有提出設置地方議院的明白主張，他認爲「省府州縣事有應議者，自巨紳至舉貢生監與著有能名之農工商，皆令與議」，湯震，「議院」，『危言』，卷一，頁七b。

註一〇六：陳熾僅提出「其年必足三十，其產必定一千金」作爲對「鄉官」候選人資格的限制，並主張「各府州縣則仿外洋議院之制，由百姓公舉鄉官」，對選舉人的資格似無限制。同上註，頁五〇。

註一〇七：陳熾主張「（鄉官）貧婪專愎者，官得隨時撤之，檄令再舉，其或縣官貪虐，大失民心，合邑鄉官亦可會同赴省，白之大府，查有實蹟，照例撤參」。同上註，頁五一。

註一〇八：陳熾主張「……皆仿泰西投匭之法，以舉主多者爲準，設院以處之，給俸以養之，有大利弊，會議從違，此下議院之法也。閣部會議，本有舊章，惟語多模稜，事無專責，亦宜特建議院，以免依違，此上議院之法也」，從文脈觀之，上議院應非民選。陳熾，「議院」，『庸書』外篇，卷下，頁三二七。

註一〇九：「議院」，同上引書，外篇卷下，頁三二六～七。

註一一〇：同上註，頁三二七。

註一一一：陳熾「議院」主張對其「中體西用」思想的格局也有可能造成突破之處，後文將再論及。

註一一二：陳熾，「議院」，外篇卷下，頁三二五～八。

註一一三：同上註，頁三二七。

註一一四：參見Yen-P'ing Hao, *The Comprador in Nineteenth Century China*, pp. 203～5。

註一一五：鄭觀應認為「非富不能圖強，非強不能保富，富與強相維繫也，然富出於商」，鄭觀應，「商戰下」，『新編』，卷五，頁七六三；陳熾也明言，「富國強兵，非商曷倚」，陳熾，「商部」，『庸書』，外篇卷上，頁二四八。

註一一六：由於輸入西方的商品，中國本身的原有經濟結構遭到一定程度的衝擊，在中國近代史的研究上似可被視為確論，但是此一衝擊到底到何種程度，則是一個十分帶有爭論性的問題，可以參看Chi-ming Hou, *Foreign Investment and Economic Development in China (1840～1937)* (Cambridge, Mass.:Harvard University Press, 1965)。

註一一七：對外國進口貨物課以較高的進口稅，以使本國工商產品在市場競爭上，處於較有利的地位，乃是保護本國工商業發展的一常見手段，而當時中國在面對西方進口商品時，卻因為不平等條約的規定，喪失此一手段。故對於強調中國工商業發展之重要性的當時一些改革者而言，會在與西方國家的政策比較下及實際的經驗中，注意到此點。參見R. C. Howard, "The Chinese Reform Movement of the 1890's: A Symposium", *Journal of Asian Studies*, 29:5 (Nov, 1969), p. 10。

註一一八：鄭觀應，「條約」，『新編』，卷一，頁一五二。

註一一九：「稅則」，同上引書，卷四，頁五四五。

註一二〇：「商務三」，同上引書，卷五，頁六九九。
註一二一：「稅則」，同上引書，卷四，頁五四八。
註一二二：陳熾，「稅則」，『庸書』，外篇卷上，頁二四九～五一；又見「商務」，外篇卷上，頁二五九。
註一二三：「自立」，同上引書，外篇卷下，頁四一一。
註一二四：湯震，「洋稅」，『危言』，卷二，頁十三b～十四a。值得指出的是僅要求中外在進口稅率的一致，是否是當時保護中國工商業發展的要點，實在是不無疑問，因爲縱使西方國家同意，而主張一律低關稅，或是裁撤一切保護的關卡，在中國剛起步的新式工商業恐怕仍難與西方列國的產品競爭。
註一二五：「口岸」，同上引書，頁二二a。
註一二六：鄭觀應，『易言』，「論商務」，上卷，頁一〇a。
註一二七：鄭觀應，「紡織」，『新編』，卷八，頁一一五三。諷刺的是鄭氏爲重要股東的上海機器織布局，被一些歷史學家指爲利用特權壓抑民族資本的例子，參見溝口雄三，前引文，頁一一二。至於此一織布局是否擁有特權呢？李鴻章在奏摺中建議：「應請總理各國事務衙門立案，合中國各口綜計，無論官辦商辦，即以現辦紗機四十萬錠，子布機五千張爲額，十年之內不准續添」，「推廣機器織局摺」，『李文忠公全集』，『奏稿』，卷七八，頁一一b。鄭觀應並說明：「如限期（十年）內有欲添設者，或另開紡紗廠，均由該局代稟，酌抽牌費，津貼捌辦開銷」，就在同處，鄭氏又指出：「惟華人用洋布者過多，兩局紡織不能敷用，倘再推廣設局……」，皆見「紡織」，『新編』，卷八，頁一一四九。在此之所以不厭其煩地引文，乃在於對鄭觀應思想中的「保護」，能從其「理論」的「實踐」中加以瞭解，對鄭氏思想眞義的掌握，也能有所助益。當市場的需求大於供給時，依照市場機能的正常運作，貨品價格會上揚，對於生產者的獲利而言乃是一有利因素，依鄭觀應自己的陳述，當時的狀況正是如此。而對民族工商業的保護主要乃是針對舶來品而言，以當時國產紡織品根本不敷國內需求的狀況分析，對「上海織布局」的保護與壟斷實乃相近，因此筆者不同意溝口雄三爲「上海機器織布局」之保護所作辯護，見溝口雄三，前引文，頁一一二～三。對此另可參考A. Feuerwerker, *China's Easly Industrialization：Sheng Hsuan-Huai and Mandarin Enterprise*（Cambridge：Cambridge University Press, 1958）, pp. 208～14, etc.。費維愷認爲此乃官督商辦的「專賣」，當可採信。雖然如此仍可見一定程度的鄭氏所謂保護的意義，參見鄭氏的主張：「先設工藝院，延歐洲巧匠以教習之，……技成……或具圖說明製作者，則借官本以興助之，禁別家仿製以培植之」，「商戰」，『新編』，卷三，頁七六〇。無論如何，如果是發明，則給予專利是一回事，至於模仿歐洲之工技，而禁止別人再造，卻是另一回事。

註一二八：鄭觀應，「論開礦」，『易言』，上卷，頁一三a～b，鄭氏在此提出「除提出成本利息及納稅開銷之外，所贏餘利，以十分之二歸於廠主，十分之五勻分各執事，以抵辛金，十分之三給各礦夫，以充犒賞」，流露出某種程度的社會主義思想的色彩，可參照傅立葉（Charles Marie Fourier, 1772-1837 ）主張以利潤的十分之五歸工人，十分之四歸經理人員，而投資者得十分之三，林鐘雄，『西洋經濟思想史』（台北，三民書局，民國六十八年版），頁一六九。又鄭氏對「開礦」似仍主「官督商辦」，並主張廢去「定稅數」的方式，而改按出產的價值依稅率征收，「開礦上」，『新編』，頁一二三四～六。

註一二九：「論船政」，同上引書，上卷，頁二九b。

註一三〇：鄭觀應，「海防上」，『新編』，卷六，頁九一〇。

註一三一：「鐵路下」，同上引書，卷八，頁一二一三。

註一三二：「銀行下」，同上引書，卷四，頁五九〇。

註一三三：陳熾，「考工」，『庸書』，外篇卷上，頁二五五。

註一三四：「公司」，同上引書，外篇卷上，頁二九九。

註一三五：「廾人」，同上引書，外篇卷上，頁二六三。

註一三六：「鐵政」，同上引書，外篇卷上，頁二七五。

註一三七：湯震，「開礦」，『危言』，頁九b。

註一三八：湯震，「變法」，參見『戊戌變法文獻彙編』，冊一，（台北，鼎文書局，民國六十二年版），頁一七九。不見於筆者所用之『危言』本。

註一三九：湯震，「商局」，『危言』，卷二，頁二〇a。

註一四〇：「鐵路」，同上引書，卷四，頁五a。

註一四一：「變法」，同上引書，卷四，頁三〇a～b。

註一四二：可與鄭觀應的意見對照，參見註一二七。

註一四三：同上註。此處所指或乃包括「上海織布局」，則對湯震而言，與鄭觀應立場呈現對立的狀況。

註一四四：鄭觀應，「論機器」，『易言』，上卷，頁二七a；「商務五」，『新編』，卷五，頁七一一；「技藝」，『新編』，卷八，頁一一三九，此處更提及著作權，陳熾，「考工」，『庸書』，外篇卷上，頁二五五；湯震則並有明顯地指出「專利」，但言「卽量市以不訾之富貴，如古者以業世官之例」，湯震，「華工」，『危言』，卷三，頁二八b。

註一四五：作爲「官督商辦」既得利益者的鄭觀應，雖然對此常有批評，如「商務二」，『盛世危言正續篇』，卷二，頁十九a，但如同前面所討論的，並未完全放棄官督商辦。W. K. K. Chan指出，鄭觀應認爲「官督商辦」是合理的，而僅把它視爲唯一的短期解決的方式，終極地乃是制定公平且公行的法律來保護商人，W. K. K. Chan, "Government, Merchants and Industry to 1911", *The Cambridge History of China*, Vol.11 (Cambridge: Cambridge University Press, 1980), p. 436, 可以參考。筆者在此的說法則在強調其「壟斷」之主張，雖然他並未明白地提出，參見註一二七，不過從前述的討論中，可以發現他的主張具有相當的彈性。

註一四六：在與鄭、陳兩人相較之下，湯之激烈傾向便被突顯出來。其爲光緒十六年「進士」出身，參見張朋園，『立憲派與辛亥革命』（台北，中國學術著作獎助委員會，民國五十八年初版），頁一六八，此一出身背景是否對其態度有所影響，不敢臆測，而相較之下，鄭觀應的經歷與主張之間的關連就較爲密切。

註一四七：鄭觀應，「商務一」，『新編』，卷五，頁六八一；「商務二」，卷五，頁六九八；「商船上」，卷五，頁七三六。

註一四八：「商務二」，同上引書，卷五，頁六九二。

註一四九：「商務一」，同上引書，卷五，頁六八一。

註一五〇：「商務三」，同上引書，卷五，頁六九六～八。此處鄭引德、奧之例，說明商學的內容：「一則銀行、典質貨物暨保險諸事，二者製造各法及銷售運貨脚價，三則陸地轉運之法並郵政電報各事」。

註一五一：陳熾，「商部」，『庸書』，外篇卷上，頁二四六。

註一五二：同上註，頁二四七。

註一五三：湯震，「國債」，『危言』，卷二，頁一八a，並參考，「官號」，卷二，頁一八a～一九a。

註一五四：湯震，「變法」，參見『戊戌變法文獻彙編』，冊一，頁一七九。

註一五五：湯震，「變法」，『危言』，卷四，頁三〇a。

註一五六：陳熾，「交鈔」，『庸書』，外篇卷上，頁二七〇～二。

註一五七：「圜法」，同上引書，外篇卷上，頁二六六～七。
註一五八：鄭觀應，「論鑄銀」，『易言』，上卷，頁三二b～三三a。
註一五九：鄭觀應，「鑄銀」，『新編』，卷四，頁六一六。
註一六〇：同上註，頁六二二。
註一六一：「圜法」，同上引書，頁六〇四。鄭氏此見，觀之日後發展，頗有先知之明，參考全漢昇，前引文，七三六～四一。
註一六二：鄭觀應，「銀行下」，『新編』，卷四，頁五八六；鄭氏並提及期票的使用，頁五九二。
註一六三：同上註，頁五九二～三。
註一六四：「國債」，同上引書，卷四，頁六四九。
註一六五：湯震，「變法」，『危言』，卷四，頁三〇b；陳熾，「賽會」，『庸書』，外篇卷上，頁二九一；鄭觀應，「賽會」，『新編』，卷五，頁七六九～七一。
註一六六：鄭觀應，「保險」，『新編』，卷五，頁七九七～八〇二；陳熾，「西法」，『庸書』，外篇卷上，頁三〇九～一〇。
註一六七：鄭觀應，「論稅務」，『易言』，上卷，頁六b～七a。
註一六八：「公法」，同上引書，上卷，頁三b～四b，鄭氏認爲「春秋書法不以國小異其辭，夫地球圓體，既無東西，何有中邊，同居覆載之中，奚必強分夷夏，如中國能自視爲萬國之一，則彼公法中，必不能獨缺中國」。

註一六九：陳熾，「公法」，『庸書』，外篇卷下，頁三三九。

註一七〇：鄭觀應，「公法」，『新編』，卷一，頁一三三。

註一七一：鄭觀應，「論議政」，『易言』，上卷，頁三九a。

註一七二：「討論洋學」，同上引書，上卷，頁四五b。

註一七三：「論交涉」，同上引書，下卷，頁八a～b，鄭觀應，「交涉上」，『新編』，卷一，頁一四二；及同上書，「律法」，卷三，頁四七七，在此鄭氏更明白主張改用外國刑律。

註一七四：鄭觀應，「律法」，『新編』，卷三，頁四七四～五。採用西方刑律，律師辯護制度和陪審團的設立，一旦實行則意謂著中國法律制度的一大革新，其背後的精神也大爲不同，一來表示司法與行政制度的結合將大爲減弱，二來表示嫌犯與起訴者地位的拉近，而且從陪審團的功能與其在司法中所扮演的角色來看，則審判官不再是高高在上，也不再能獨斷，一旦實行對「恭順倫理」將構成一定程度的傷害。

註一七五：同上註，頁四七一。

註一七六：陳熾，「刑法」，『庸書』，外篇卷下，頁三五〇～一；湯震，「變法」，『危言』，卷四，頁三一a。

註一七七：「教民」，同上引書，外篇卷下，頁四二〇。

註一七八：鄭觀應，「原君」，『新編』，卷一，頁九九。

註一七九：鄭觀應在『易言』中，也主張「有治法尤貴有治人」，「論火器」，下卷，二一b。

註一八〇：鄭觀應，「原君」，『新編』，卷一，頁一〇〇，必須注意的是強調「有治法而後有治人」，對於強調「德治」、「人治」的儒家思想而言，在優先順位上是一個逆轉，且由內聖而外王的私倫理與公倫理的連續性之重要性將大為降低，此乃是因為在此一優先順位上，統治者是否為一「聖人」，或是說必須具有良好的個人道德已不是最重要了，制度的設計與運作比誰是統治者重要，也將被優先考慮，對儒家的政治哲學有從根底處加以重組的可能，同時同篇頁二六a至二九a的討論，也流露出孟軻的「民本」思想，乃至有黃宗羲思想的意味，對「恭順倫理」的「三綱五倫」的絕對優越性而言，有加以否定的意味。

註一八一：「議院上」，同上引書，卷一，頁五二。

註一八二：「度支」，同上引書，卷四，頁六五七～八。

註一八三：「通使」，同上引書，卷三，頁四一二；鄭觀應，「論出使」，『易言』，下卷，頁一四a。

註一八四：「郵貧」，同上引書，卷八，頁一二七三。

註一八五：陳熾，「旅人」，『庸書』，外篇卷下，頁三五三～六。

註一八六：「善堂」，同上引書，頁三一七～二〇。同時無論陳熾或鄭觀應所主張的「保險」措施，也具有一定程度的社會福利色彩，參見註九六。

註一八七：鄭觀應，「學校」，『新編』，卷二，頁一九九～二〇〇。

註一八八：「農事」，同上引書，卷八，頁一一六〇，必須注意鄭觀應在此並沒有主張設立原有六部同一等級的「農部」，范振乾，前引書，頁一四三。

註一八九：湯震，「變法」，『危言』，卷四，頁二九a～三一a。

註一九〇：「尊相」，同上引書，卷一，頁五b～六a。

註一九一：參見小野川秀美，前引書，頁五二。

註一九二：湯震，「變法」；『危言』，卷四，頁三二b。湯氏此種對教育的重視，在往後的中國現在史中將有更多的同志。M. C. Wright 曾經指出，世界上沒有任何時代的任何國家，能像二十世紀的中國一樣，相信教育萬能，相信教育能為中國製造奇蹟，M. C. Wright, "Modern China in Transition", in A. Feuerwerker, ed., *Modern China*, p. 12.，轉引自張玉法，『中國現代史』（台北，東華書局，民國六十六年初版），頁七五五，可以幫助瞭解此一思想在日後的發展。至於此一思考模式在晚清的推展，可參考 Ting-I Li, "The First Cultural & Social Reform Movement in Moden China", 『壽羅香林教授論文集』，（香港，一九七〇年），pp. 279～83。當然本文所討論的「中體西用」論者對教育問題重視者甚多，此處的鄭觀應和陳熾即是如此，不過湯震在此處的主張明白地把教育（包括科考）列為「變法」第一順位的決定性因素，或已指出此一思潮未來發展的方向，同時在此必須說明，透過「學校」與「科考」，乃是作為中體核心的「恭順倫理」之「綱常名教」得以社會化的重要管道。而湯震的改革主張之優先順位，使我們在評論思想家們改革主張對中體可能造成的衝擊時，必須列入考慮的因素。

註一九三：湯震，「議院」，『危言』，卷一，頁七b；鄭觀應對學校與議院密切的關係也有所意識，例如「公舉」，『新編』，卷一，頁九〇。「新學」在晚清思想史上的意義，基本上與「西學」相同。而郝延平等人的研究認為「新學」與「西學」的意義是類似的，可是「新學」一詞在一八九四年以後才流行起來，Y. P. Hao & E. M. Wang, "Changing Chinese View of Western Relation, 1840-95", *The Cambridge History of China*, Vol.11, p. 169。

註一九四：湯震，「書院」，『危言』，卷一，頁一三b。至於「同文館章程」可參閱『洋務運動文獻彙編』，冊二（台北，世界書局，民國五十二年版），頁七三～六。

註一九五：「變法」，同上引書，卷四，頁三一b。

註一九六：同上註，頁三〇a。

註一九七：「考試」，同上引書，卷一，頁一二b。

註一九八：「海軍」，同上引書，卷三，頁七b。

註一九九：「考試」，同上引書，卷一，頁一〇a～b。

註二〇〇：陳熾，「學校」，『庸書』，頁八七。「故學也者，非止範圍天地，曲成萬物，省刑罰，偃兵戎，亦所以聯上下為一心，合君民為一體也。士非學無以興禮樂、立制度、開太平；農非學無以辨菽麥、別肥磽、盡地利；工非學無以區美惡、審良楛、制械用；商非學無以察時變，精權算、殖貨財」。

註二〇一：同上註，頁八八～九。與前面湯震的主張相較，陳熾對於「正人心」、「維風俗」的主張便顯得較為突出。

註二〇二：「淫祀」，同上引書，內篇卷上，頁九六～七。

註二〇三：「育才」，同上引書，外篇卷上，頁二三九。

註二〇四：「婦學」，同上引書，外篇卷下，頁三八七～八。

註二〇五：「西醫」，同上引書，外篇卷下，頁三八三。

註二〇六：「自立」，同上引書，外篇卷下，頁四一〇～一。

註二〇七：「藝科」，同上引書，外篇卷上，頁二四一～二。陳熾認為「科目之制變而通之，推而廣之，可也，因而廢之，不可也。……欲推而廣之，非增設藝學科不可。」

註二〇八：「育才」，同上引書，外篇卷上，頁二三九～四〇。

註二〇九：「使才」，同上引書，外篇卷下，頁三四三。

註二一〇：鄭觀應，「論考試」，『易言』，上卷，頁四〇a。

註二一一：同上註，頁四一a。對此一方法，鄭氏自己指出乃仿宋司馬光「十科取士」之法。

註二一二：鄭觀應，「考試上」，『新編』，頁二七三；鄭氏「盛世危言初刊自序」中，提及西方凡任文官「必出自仕學院」，凡為武官者「必出自武學院」，『新編』，頁二六。

註二一三：「議院下」，同上引書，卷一，頁七七。

註二一四：「考試下」，同上引書，卷二，頁二八五～七。在此鄭氏主張的似為「三三」制，（鄭在各處主張並不一致，可參「學校」，卷二，頁二二〇），學校分為三級，各修業三年（大學不確定），並對不入小學肄業者，規定同等學歷的認定辦法。

註二一五：「商戰下」，同上引書，卷五，頁七六四，此法與在『易言』之主張相似，參考註一四一。

註二一六：「技藝」，同上引書，卷八，頁一一三〇。

註二一七：同上註，頁一一三七～八，在此處鄭並提及參考西制「章程」。

註二一八：鄭觀應，「藏書」，『盛世危言正續篇』，卷三，頁二一a。

註二一九：鄭觀應，「學校」，『新編』，卷二，頁二二〇。

註二二〇：「女教」，同上引書，卷二，頁二六四。

註二二一：「水師」，同上引書，卷六，頁八八四。

註二二二：同上註，頁八八九。

註二二三：「練將」，同上引書，卷六，頁八一一。

註二二四：「練兵下」，同上引書，卷六，頁八六二。

註二二五：「考試上」，同上引書，卷二，頁二七三～四，鄭氏在此處改革科舉的主張，已經反應一定程度的「技能」與「道德」分離，這在後文將有討論。

註二二六：同上註，頁二七五～六。

註二二七：參見鄭觀應，「論治旱」，『易言』，上卷，頁二三a～二四a；「論治河」，『易言』，下卷，頁三四a～b；「治河」，『新編』，卷八，頁一一七九～八〇，同上，頁一一八六～七；陳熾，「河防」，『庸書』，內篇卷上，頁一一三，「海口」，內篇卷上，頁一一六～七。

湯震，「北河」，『危言』，卷四，頁二五b等處。

註二二八：參見鄭觀應，「商務五」，『新編』，卷五，頁七一二～三；陳熾，「蠶桑」，『庸書』，內篇卷上，頁七七，「農政」，內篇卷上，頁八〇～一，「利源」，外篇卷上，頁二七八～九，「養民」，外篇卷下，頁四〇五等處。

註二二九：參見鄭觀應，「論商務」，『易言』，上卷，頁一二a，「論火車」，上卷，頁一五b，「論郵政」，上卷，頁三四b，「商船下」，『新編』，卷五，頁七四四～五，「衛屯」，卷七，頁一〇七六，「郵政下」，卷七，頁一〇八五，「驛站」，卷七，頁一〇九七，「鐵路下」，卷八，頁一二〇七；陳熾，「水利」，『庸書』，內篇卷上，頁六六，「和糴」，內篇卷上，頁七二，「鐵路」，外篇卷上，頁二八七，「輪船」，外篇卷上，頁三〇五～七，「驛傳」，外篇卷下，頁三四五、三四七；湯震，「郵政」、「鐵路」，『危言』，卷四，頁一a～七b等處。另參考李國祁，『中國早期的鐵路經營』（台北，中央研究院近代史研究所，民國六十五年版），頁一〇三～七。

註二三〇：鄭觀應，「商船上」，『新編』，頁七三八。

註二三一：參見陳熾，「丱人」，『庸書』，外篇卷上，頁二六二，「鐵政」，外篇卷上，頁二七五；鄭觀應，「開礦上」，『新編』，卷八，頁一二三一；湯震，「開礦」，卷二，頁一〇b等處。

註二三二：鄭觀應，「論開礦」，『易言』，卷上，頁一四b。

註二三三：魏源指出：「夷之長技三，一戰艦、二火器、三養兵練兵之法」，魏源，「議戰」，「籌海篇三」，『海國圖志』，卷一，頁一一一。

註二三四：鄭觀應，「論船政」，『易言』，上卷，頁二九b。

註二三五：湯震，「兵制」，『危言』，卷三，頁五a。

註二三六：「海軍」，同上引書，卷三，頁八a。

註二三七：鄭觀應，「海防上」，『新編』，卷六，頁九一三。

註二三八：「練將」，同上引書，卷六，頁八〇八，鄭氏在此處並注意到身體狀況，雖然在頁八一一中主張採行「西制」，對此則似未再強調，不宜推論過度。

註二三九：「練兵上」，同上引書，卷六，頁八三四，鄭氏雖未明言仿效，但是「白邊紅十字」類似「紅十字會」組織，如鄭氏所說乃是「泰西公例」，鄭氏既主張「采公法」，故對此應傾向採用的態度。

註二四〇：鄭觀應，「論民團」，『易言』，下卷，頁三一b～三二a，「練兵上」，『新編』，卷六，頁八三一，「民團上」，卷六，頁八六七，「民團下」，卷六，頁八七〇；陳熾，「勇營」，『庸書』，內篇卷下，頁一二八，「民兵」，外篇卷下，頁三三一。

註二四一：鄭觀應，「練兵上」，『新編』，卷下，頁八三三，「練兵下」，卷六，頁八五七。

註二四二：「水師」，同上引書，卷六，頁八八七。

註二四三：湯震，「海軍」，『危言』，卷三，頁八b。

註二四四：鄭觀應，「巡捕」，『新編』，卷七，頁一〇六四。

註二四五：陳熾，「巡捕」，『庸書』，外編卷上，頁三〇三。

註二四六：「編審」，同上引書，外編卷上，頁三一五。

註二四七：「虞衡」，同上引書，外編卷上，頁二八二～三。

註二四八：鄭觀應，「公擧」，『新編』，卷一，頁九〇，「日報下」，卷二，頁三一五、三二〇。在頁三二〇，鄭氏談及津貼報館時，談及政府有「不便言者」，可授意報館代言，此若是官方報紙或半官方報紙，猶可，否則恐有「控制輿論」或成「一言堂」之嫌，則報紙在某些範圍內或將成執政者的傳聲筒，不復爲「公器」矣。

註二四九：陳熾，「報館」，『庸書』，外篇卷上，頁三二二～三。陳熾並說明：「偶值開釁之時，必派專員稽察」，對非常時期的輿論加以管制，並建議：「主筆者公明諒直，三年無過，地方官吏據實保薦，予以出身，其或顚倒是非，不知自愛，亦宜檄令易人」，而同時期鄭觀應所言的「暴君汚吏必深恨日報」(「日報上」，『新編』，卷二，頁三一〇)，在陳熾「予以出身」和「檄令換人」的運作下出現的可能性或將降低，而「官、報一家」的可能性也難以排除。總之鄭陳二人的主張相較之下，陳對報館的控制方面，似乎較爲「用力」。

註二五〇：鄭觀應，「論游歷」，『易言』，上卷，頁三七b；湯震，「親藩」，『危言』，卷一，頁五a；陳熾，「游歷」，『庸書』，外篇卷上，頁二三六。

註二五一：陳熾，「圖籍」，『庸書』，內篇卷下，頁一二一。

註二五二：同上引書，「海圖」，外篇卷下，頁三六三。

註二五三：同上引書，「電學」，『庸書』，外篇卷下，頁三七三～六（正文乃引自三七六），綜觀此篇所述，陳熾對「電學」的重視，似有超乎同儕的意味，而觀之後來的發展，他似有一定程度的「先見之明」。

註二五四：鄭觀應，「西學」，『新編』，卷二，頁二五五，僅就此而言，鄭似乎可視爲「漢字羅馬化」的早期推動者之一，對於當時大多數人民是文盲的中國而言，拼音文字一旦施行，必將較漢字普及，以「西化」理論來檢視，似乎有超越同儕的意味。有關中國識字率的研究，參見E. S. Rawski, *Education and Popular Literary in Ch'ing China* (Ann Arbor: The University of Michigan Press, 1979)。

註二五五：鄭觀應，「論公法」，『易言』，上卷，頁二b～三a。

註二五六：「論議政」，同上引書，上卷，頁三八b～九a。

註二五七：雖然此處所討論的思想家幾乎都未指明「制度」不可變，而且其思想中也曾明確地指出欲改革某些「制度」，或引進一些新「制度」，但是，在作爲中體核心的「恭順倫理」之「綱常名教」若視爲不可變，乃至不必變的前提下，則與此一「倫理」緊密結合的一些「制度」，或是以此「倫理」運作的「制度、組織」，則不能也不可能改變，一旦改變則與中體之間便會產生矛盾，而此一矛盾的出現，或可視爲突破「中體西用」思想格局的一個契機。

註二五八：陳熾，「審機」，『庸書』，外篇卷下，頁四一四；參見小野川秀美著，前引書，頁七〇。

註二五九：參見王爾敏，『晚清政治思想論』，頁六七。不過王爾敏在此指涉的對象似指晚清全部的「中體西用」論者而言，此一問題乃本論文探討的要點，在此先予保留，不過對此處鄭觀應、湯震、陳熾三人而言，此一論斷可以接受。

註二六〇：此處所列舉者，請參看前面的討論及盛世危言新編目錄，至於監獄管理，參看鄭觀應，「獄囚」，『新編』，卷三，頁四八四～六。鄭氏又主張仿西制設立「戰利法院」，見「水師」，『新編』，卷六，頁八九二。至於鄭氏聞朝廷「更新之詔」主議者略舉數端，他認爲已早提出者，可作參考，「親貴游歷，科舉改章，廣設學校，考取優生，肄業泰西，各專一藝，講武備，開議院，改律例，定商律，報律，開報館，譯西書，改官制，設巡捕，廣郵政，維持圜法，廣開礦產，行印花，用民兵，重農工，保商務，開銀行，行鈔票」，見「自強」，『新編』，卷一，頁一一〇。至於鄭氏所認識的西學，可參看，「西學」，『新編』，卷二，頁二四一～三的內容，可掌握大要。

註二六一：參看前面的討論及庸書內外篇目錄，陳熾，『庸書』，頁二一九～二四。至於監獄管理，參看陳熾，「刑法」，『庸書』，外篇卷下，頁三五〇～一。又陳熾曾提及當時已推動的富國強兵措施，錄之於後，或可了解陳思想的時代意義。在「自立」，（『庸書』，外篇卷下，頁四〇九）中提及的有：船政、海軍、機器製造局，水師武備學堂，鐵艦、水雷、快槍、巨礮、船塢、礮台、輪船、商局、電報、公司、煤鐵、織布、紡紗、鐵道。

註二六二：參看前面的討論及『危言』目錄。

註二六三：鄭觀應，「公舉」，『新編』，卷一，頁八九。

註二六四：在此必須再次說明鄭觀應雖十分重視「議院」，但是其「議院」的藍圖並不是十分清楚而確定的，在處理上又不宜將他提及的西制一律視爲其思想，蓋如此則易推論過度，而鄭氏在討論「議院」時又時常語焉不詳，無法從文脈中確定其主張究竟爲何，因此本文在此討論時，某些地方暫以「君民共主」國之例加以探討（此乃鄭所傾向採用者），如鄭氏確有明言採用者，則另加說明。無論如何，在最保守的程度，我們必須同意鄭氏的「議院」有決議權，而實行權握在君主手中，一旦兩者衝突，君民便不再一體，上下不再一德，而「議院」一再決議要求君主採行時，危機便會產生，此點鄭氏也並非「無意識」，只是他認定「朝廷准設議院，體恤民隱，亦何苦生變，致身家性命不保乎」（議院下，『新編』，卷一，頁七六～七），如果追問「准設議院，而不恤民隱，何如」？則此一問題並非鄭氏所論及的。在此姑且不論在J. R. Levenson, Confucian China and Its Modern Fate, II, p. 12, 中對鄭觀應們「議院」主張的批評，僅以L. E. Eastman 最命中要害的批評來看，他認爲，鄭觀應們以爲「議院」可實現傳統「普遍的一致」之理想的論證不是詭辯即是無知，因爲他們完全將西方議會組織乃奠基於「不一致」的基礎上置之度外。L. E. Eastman, "Political Reformism in China Before the Sino-Japanese War", Journal of Asian Studies, 27:4（Aug., 1968）, p. 706.

註二六五：陳、湯二人的議院主張可參考前面的論述，在此再引湯震的相關主張一則，以爲補充：「屆期分集內閣及都察院，互陳所見，由宰相覈其同異之多寡，上之天子，請如所議」，湯震，「議院」，『危言』，卷一，頁七b。

註二六六：對於湯震的生平而言，並非如蕭公權所指出的「鮮爲人所知」，蕭公權著，楊肅獻譯，『翁同龢與戊戌變法』，頁七六。他後來改用湯壽潛的名字是晚清「立憲運動」中的活躍人物，而「立憲運動」對滿清政治體制的衝擊，乃至成爲辛亥武昌革命成功的重要因素，參看張朋園，『立憲派與辛亥革命』。

註二六七：參見M. Weber, op. cit., p. 1001。

註二六八：參見傅樂成，「中國民族與外來文化」，頁四〇一～三。

註二六九：在此附提一下鄭觀應與陳熾一些較特殊的任官主張，如鄭氏認爲議員如爲地所共同欽仰，便可轉任地方官吏，見鄭觀應，「議院下」，『新編』，頁七六；陳熾也認爲「鄉官」表現良好者，也可授與「親民之官」，見陳熾，「鄉官」，『庸書』，內篇卷上，頁五一，他並主張報紙主筆能夠「公明諒直，三年無過」，可由地方官吏「據實保薦，予以出身」，見同書中「報館」，外篇卷上，頁三二三，雖然他們這些意見在其思想中所佔的比重，未必重要，但是皆有「體制教學」外「出身」的意味。

第五節　總評

鴉片戰爭以後，中國被迫開港，閉關自守遂成為過去式。受此刺激，魏源在『海國圖志』中提出了「師夷之長技以制夷」的主張。但是，他雖提出學習西方長技，却未注意到西技背後西學的存在，「西學為用」的思想自也無由成形。不過，在他主張學習西方長技的十餘年後，馮桂芬在『校邠廬抗議』中，不僅已注意到西方長技背後西學的存在，且主張採用。

馮桂芬的「采西學」並非獨立的觀念，而是在以中體核心之倫常名教為原本的前提下，將諸國富強之術視為輔，主張採用諸國富強之術的西學（包括西技）。他「以中國之倫常名教為原本，輔以諸國富強之術」的思想，既將中體核心的倫常名教視為原本，且主張在用的層面接受西學（包括西技），故將之視為十九世紀六十年代初期出現的「中體西用」思想，似屬允當。雖然馮氏思想的西用似仍止於「器物」層面，但是他也主張以「三代聖人之法」為宗旨，改良部份制度。由於日後「西學源出中國」說日益成熟，使得後來的「中體西用」論者的思想以此為媒介，而有可能由馮氏制度改革的主張發展到西制的引進。

在「中體西用」理論成立後，當時較具實踐力的無疑是前期洋務派的「中體西用」論者，尤其是李鴻章。李氏除了與曾國藩共同推動「製器、學技、操兵」和派遣留學生等洋務外，由於強兵所需經費甚大，使他採用西法的範疇逐漸擴大到富國。由船堅礮利的講求，而主張開挖煤、鐵礦、仿設電線、鐵路，並在各海口設立洋學格致書館，學習「格致、測算、輿圖、火輪、機器、兵法、礮法、化學、電氣」諸西學，並使他由無視西器對民生日用的功能，發展到積極推動織布局、火柴局等官督商辦企業。同時，為了便利引進西方的船堅礮利，並借其發揮功能，李鴻章也主張專設海軍衙門等制度興革。雖然李鴻章至遲在光緒二十四年（一八九八），已對六部和科學的改革十分關心，但是其主張大體上仍是有限的行政重組及採用西法以增補中國的結構。

郭嵩燾除了同意李鴻章引進船堅礮利的主張之外，其思想與李氏有相當的不同。他已經注意到西洋立國自有其本末，但並未採納西方的政教，而主張將中國式的內政改革置於優位，將西方的船堅礮利視為末。同時他認為新式工商應開放商辦，而為十九世紀七十年代富民思想之先導，且基本上對鐵路的興造也比同時期的李鴻章積極甚多。值得注意的是，他認為欲推動新式工商業須由開民智做起，主張先設立「西學館」介紹西學，使人民在瞭解西器之利以後，能自求之而自通之。就郭氏引進西用思想而言，他對同時期李鴻章思想的西用範疇基本上抱持同意的態度，並張在外交事務方面積極引進西制。而他的富民思想更為其後的「中體西用」論者所承繼，成為晚清商務思想重要的一支。

薛福成與李鴻章的關係十分密切，他對李鴻章採用西用的範疇，基本上也無異議。而其思想的開展，亦是由強兵的需要而注意到富國，此一發展與李鴻章十分相似。但是他由富國思想，進而主張「富商」，對工、商十分重視，並以肯定人欲，來肯定商業的發展。而富國（商）與強兵的順位也有與前期逆轉的趨勢。

雖然薛福成與郭嵩燾一樣都注意西洋政教，而且認為除了三綱以外，也並非遜於中國。但是，除了與郭氏同樣主張設立駐外使節與採用萬國公法，以及在法政制度方面有一些枝節的改良主張外，對中國的既有根本政治體制並無變革之意。

不過就引進西用的理論而言，薛福成以西法為「公共之理」而主張加以學習的「公理」說，却有其獨到之處。本來就「中體西用」的理論而言，乃是以清朝體制教學之理（道、體）不變的思考為根基，而後則以相對於不可變之理（道、體）的氣（器、用）之可變性來接納西學。而薛福成以「公理」說來接納西學，則是將西用視為「公理」加以接受，雖然整個思考模式仍是以聖人之道不可變為前提的「中體西用」論，但接受西學的態度則有所不同。

馬建忠思想的主要特色，則是在於成熟的「富民」思想以及借債與築鐵路，其富民優先的思考方式在非主流派的「中體西用」論者思想中，得到進一步的發展。

非主流派的「中體西用」論者，對於洋務運動重點所在的軍事部門西用之引進，也抱持贊同的態度，但是，基本上却與郭嵩燾的見解類似，將之置於末節。而且，就接受西學的理論而言，「道器」論的「中體西用」色彩十分濃厚。

王韜的西用範疇中，除了同意郭嵩燾外交事務採用西法的主張外，重要的是他改革科學與推廣學校的意見。而就「中體西用」思想之目的而言，王韜認為輸入西器的積極目的，乃藉此使中國得以將世界混合為一，或是至少使三綱五倫的中體成為世界的普遍規範。這與日本引進西方富國強兵之術以後的發展趨勢，頗有相似之處。

至於鄭觀應、陳熾、湯震三人的「中體西用」思想，除了承繼王韜以「西學源出中國說」作為解決體與用分離的難題外，其西用範疇擴大及於政、法。而無論他們的主張中有多大的歧異，設立議院的主張無疑是他們與前述諸人的大不同處之一。

他們西用範疇比本節討論的其他人大，及於法政制度層面，對於商務的推廣與發展也極為重視。其中尤以鄭觀應西用範疇最為可觀，幾乎包納其他人的西用內容，而且對「中體西用」思考格局，也提供較多可能突破之點。就理論而言，除了未主張「公理」說外，他將「西洋立國自有本末」、「體用兼賅」、「道不變而器可變」、「西學源出中國說」諸種觀念組合成其「中體西用」思想，並在中體不變性前提下，幾乎已將西用範疇擴張到最大。無論是理論進一步發展也好，或是西用範疇的進一步擴張、深入也罷，都可能突破「中體西用」思考模式，成為典型的「變法論」（將西政等同於三代聖人之法），或是十九世紀自由主義式的議會論者（議會主權）。因此在中國近代思想史的脈絡中，鄭觀應的主張可被視為「中體西用」思想的極致，至於甲午戰後的「中體西用」論者無論就理論而言，或就西用範疇而言，則都沒有重大的突破。

第三章　張之洞與『翼教叢編』派的「中體西用」思想

在第三章中已大略討論了自馮桂芬以降的諸位「中體西用」論者，包括洋務派大官僚曾國藩、李鴻章以及與二人關係十分密切的郭嵩燾、薛福成、馬建忠，以及因上書太平天國流亡海外多年的王韜，從事商業的鄭觀應和與鄭觀應時代相近而又主張設立「議院」的陳熾、湯震之「中體西用」思想。不過，如「導言」所述，「中學爲體，西學爲用」是甲午戰後才由孫家鼐所提出的，因此前述諸人雖有「中體西用」思想，卻未提出此一名言。在此，本文接著擬討論被一般人視爲「中體西用」思想代表的張之洞，並順便討論在「對抗變法」上與張氏站在同一立場的『翼教叢編』派之「中體西用」思想（註一），雖然一樣是「中體西用」思想，但是由於所處時空不同，此時的「中體西用」思想，常常被視爲反對進一步學習西法的「反變法思想」（註二），這與前述諸人的「中體西用」思想之作用是有所不同的（註三）。

在此擬先簡單討論張之洞思想的基底，以及在「勸學篇」提出前張之洞思想的演變，而後再討論「勸學篇」產生的時代背景及內容，並連帶討論『翼教叢編』派的「中體西用」思想（註四），最後再對張氏的「中體西用」思想作一簡單結論。

第一節　通往「勸學篇」理念之徑

在此擬先以既有的研究作基礎，討論張之洞思想的基底，而後則以「勸學篇」提出前張之洞的主張，與此一思想基底相互檢證，並說明張氏思想的演變。

根據既有的研究指出，張之洞的思想結構上具有「正統主義」與「實用主義」的雙元特色（註五）。問題是：張之洞的思想有無「正統主義」與「實用主義」的特色？如果有的話，二者在張之洞思想中的關係究竟爲何？

由於張氏身受「體制教學」的洗禮（註六），而在其思想中對「體制教學」的擁護是重要一環，其思想中具有與「體制教學」關係十分密切的「正統主義」之思考傾向。更何況，作爲官僚的張之洞，其身份與地位的維護，是以既有體制的存在爲前提，除非有確切的證據，否則他支持與既有體制緊密結合的「正統主義」是可被接受的。而「實用主義」基本上可視爲經世思想的展現，對張氏而言，最晚在咸豐十年（一八六〇），就已表現出通經致用的態度（註七）。因此，二者在張之洞思想結構中的關係究竟爲何？就成爲問題點所在。

以前述張灝提出的晚清經世思想範疇來看，則經世的內容乃著重於官僚制度的業務性和技術性問題，就此而言，「實用主義」並未牴觸「正統主義」。而從張之洞的官僚身份來看，其「實用主義」的實踐一旦超出「正統主義」所能容忍的限度，則意味著他與官僚制度的基礎發生衝突，也表現了與官方意識型態的對抗，也蘊涵了對既有體制的反抗，這基本上不僅與官僚的利益相違背，且也不合乎官定朱子學的論理。置於當時的歷史環境中，除非有史料可以證明，否則此一衝突不應存在。因此，假設張之洞思想中「正統主義」較「實用主義」具有優位性，而「實用主義」則在「正統主義」容許的範圍內落實，應是較爲適當的。

一般而言，張之洞在光緒元年（一八七五）四川學政任內所撰成的「輶軒語」（註八），可以視爲其早年思想的代表。在「輶軒語」中，張之洞開宗明義便表現了對「體制教學」的擁護（註九）。雖然他也指出只要「通經致用」地身體力行儒者教人爲善的十三經，便不須求經學之外的他途捷徑（註一〇）。且在稍後的「創建尊經書院記」中，他也再次指出「學」的「根柢必在經史」，而「讀史之根柢亦在通經」，認爲此是「萬古不變之理」，又以爲「學術有門徑，學人無黨援」，主張調和漢宋，認爲「讀書宗漢學，制行宗宋學」（註一一）。不過他對「體制教學」的官定朱子學似乎更爲重視，認爲「四書一編爲群經之綱維」，而「四書」的注疏以「朱注」最精（註一二），同時在「宜學先正」條，更明指「欽定四書文即根柢」（註一三），可以看出其「漢宋調和」思想落實，乃是以「體制教學」作爲基礎的。而在此張之洞所講的「讀書期於明理，明理歸於致用」的「通經致用」思想（註一四），似乎仍類似鴉片戰爭前經世思想的格局，與同時期宗「理學」的郭嵩燾思想相較（註一五），更可以看出兩人之間顯著的不同。

在光緒三年（一八七七）到七年（一八八一）之間，張之洞與張佩綸、陳寶箴、徐之祥、黃體芳等人被稱爲清流黨，批評朝政，極力主張以武力爲外交的後盾（註一六），對於西法的採用則仍與早期主持洋務的人類似，僅注意到西方的船堅礮利，對於新式工業並不注意（註一七），這與前述的李鴻章相較之下，在此時期中的見識似乎相形見絀（註一八）。

根據學者研究，張之洞在光緒七年（一八八一）以前對西方的認識非常貧乏（註一九），直到出任山西巡撫以後，此一情形才有所改善（註二〇）。在光緒十年（一八八四）的「札司局設局講習洋務」可作為他的山西期間思想的重要代表，他首先指出設洋務局的目的乃在於「籌知彼知己之法，為可大可久之圖，開物成務以富民，明體達用以自立」，而主張「延訪習知西事通達體用」的人才至「洋務局」講習，而其講求的內容包括「天文、算學、水法、地輿、格物、製器、公法、條約、語言、文字、兵械、船礮、鑛學、電汽」等諸端，同時也注意到西洋的「新式織機、農機」，認為應該派員購買，「以為嚆矢」（註二一），從文脈觀之，張氏似已有在中國利用西器而「開物成務以富民，明體達用以自立」的意圖。因此此時的張之洞西用的範疇已由船堅礮利擴及於民生日用的生產，也有以西法求富民的意味。而隨著張對西方認識的增加以及西用之擴大（包括西學的認識），原有的「通經致用」格局在用的範疇的籠罩面逐漸退縮，且分化出採西學的概念。此或許為張氏思想由「通經致用」轉成「中體西用」的表現。

在同時的「延訪洋務人才啓」中，張氏指出，「查中外交涉事宜，以商務為體，以兵戰為用，以條約為章程，以周知各國物產、商情、疆域、政令、學術、兵械、公法、律例為根柢」，至於「入門」之徑則在「通曉各國語言文字」（註二二），僅就此而言，似乎張氏設立洋務局的目的乃偏重於瞭解西方，以便利辦理交涉為主要著眼點。無論如何，張氏已認知到「中外交涉事宜」的重點是在「商務」（註二三）。

張之洞在山西期間有關設立洋務局，延訪洋務人才的主張，由於他被調往兩廣，而沒有機會落實。但是在此時期他的思想中的西用範疇便已經包括了天文、算學、水法、地輿、格物、製器、公法、條約、語言、文字、兵械、船礮、鑛學、電汽諸端，並注意到西洋新式的織機、農機。

張氏在山西巡撫任內對西學已有所認識，而在調任兩廣總督以後，或許由於中法戰爭的經驗，使他對西用有更深刻的認識（尤其是軍事方面）。他雖不再主張設立洋務局，卻著手建設以引進西用爲主要目標之一的軍事學堂。同時，在舊式書院方面，他也有類似尊經書院的建設。此種文武學校二元的教育方式，可視爲他的廣東期間思想的主要展現，也是通往「勸學篇」思想的重要一環。

可能由於中法戰爭的經驗，使他對海防的認識更爲深刻，因而在光緒十一年（一八八五）的「籌議海防要策摺」中，便主張設立「水陸學堂」（註二四）。兩年後，在「創辦水陸師學堂摺」中，他對「水陸師學堂」有較具體的描述。他認爲「古今人才皆出於學」，而在「海防要策首重水師、兵輪，次則陸軍、火器」的情況下，加上「外洋諸國於水陸兩軍皆立專學」，中國如「欲應時，固非設學不可」。而其中水師分管輪、駕駛；陸師分馬步、槍礮、營造。在課程方面，由於是軍事學校，其課程乃著重於「講求武備之實用，而不尚虛文」。但是，他仍將中學視爲根本，規定「每日清晨先讀四書五經數刻，以端其本」，而「每逢洋教習歇課之日，卽令講習書史、試以策論」，使學生能「通知中國史事、兵事，以適於用」。至於學生畢業以後，則撥入練船實習，並從學成之人中選拔優秀者送到國外深造（註二五）。

光緒十五年（一八八九），張氏認爲「西學門類繁多，除算學」外，「鑛學、化學、電學、植物學、公法學」對中國而言，「皆可以資自強而裨交涉」，故主張「新立五學」，附設於水師學堂中，另行招生。其中在公法學方面，張之洞以爲除了在對外交涉時「能據之以爭」外，應該「申明中國律條，參以泰西公法」，「著爲通商律例，商之各國，頒示中外，如有交涉，事出無論華民及各國之人在中土者，咸以此律爲斷」，則其性質似有由國際法發展爲國內商事法的可能（註二六）。

在文科方面，張之洞則建立廣雅書院，希望藉此以「鼓舞士類，維持世風」而「上者」能夠「闡明聖學，砥勵名節，博古通今，明習時務」，以「體用兼備」，「次者」也可「圭璧飭躬，恂恂鄉黨」，「足以淑身化俗」，至於書院課業則分「經、史、理學、經濟」四科（註二七）。

根據既有的研究成果，有人以爲中學在水陸師學堂中是被置於從屬的地位，故其課程結構乃是一種「西主中輔」的關係（註二八），並認爲此是張之洞對課程主張由「通經致用」，而「西主中輔」，而「中體西用」三階段的第二階段（註二九）。此一論點與張之洞的思想結構似乎不無矛盾之處，故在此有必要加以討論。

值得注意的是，張之洞是在軍事學校中講求西學，而新立的洋務五學中雖已具有求富的傾向，也仍是附設於水陸師學堂，至於代表一般「體制教學」下的「正途」——廣雅書院，則承繼其早年辨尊經書院的精神。因此，對於張氏思想在此一階段的演變，可以與早期魏源、馮桂芬主張在考試中增設洋務相比較，其中馮氏主張在文科中增設，魏源則主張在閩粵兩省的武科中增設（註三〇），兩者意義自有不同，而由於張氏的西學乃設於武科系統的水陸師學堂，似與魏氏較爲相近。再配合前面的討論，張氏思想的演變，似乎是因實際的需要而從「輶軒語」的「通經致用」

思想，逐步分化出採西學的概念，此一概念在山西期間雖已逐漸浮現，在兩廣期間才正式附設於與尊經書院不同系統的水陸師學堂中，至於尊經書院系統則由廣雅書院承繼，而展現其「中體西用」的思想格局。因此在兩廣總督任內，明顯地包容西用，而置於原本與「體制教學」較爲疏離的軍事系統中，也就是說張之洞在山西時便顯露出的「中體西用」意味，在廣東由文武二個學校中表現出來。同時從水陸師學堂的課程安排看來，雖然西學在課程份量上較多，但是課程上的多少是否就是主輔之別，實有商榷的餘地：一是張之洞自己已清楚地指明，「讀四書五經數刻，以端其本」；二是在軍事學校中安排研讀四書五經等中學，則軍事人才便必須接受中學的洗禮，則可視爲「體制教學」在軍事範疇內的深化，這是透過舊有武科考試所難達到的功能（註三一）。基本上，此種由尊經書院原有的通經致用理念，因爲環境需要，而分化出採西學的概念，在山西期間已逐漸成形，在此則明顯地與原有的通經致用理念互相搭配，以文武二校展現其「中體西用」的理論架構，此是通往「勸學篇」理念之徑的一個重要演變。

在廣東期間，除了設立學校教授鑛學、化學、電學、植物學、公法學諸西學外，他對於仿西法求富十分注意。光緒十五年（一八八九），張之洞指出自「通商以來，各國挾其製造物產，以圖中國之利」，中國如「不自振作以圖抵制」，則「財源日涸，民生日蹙」之下，「既不能富，其何以強」，並認爲鐵路是「富民之一大端」可促銷土貨，如果「中國能精究格致之學，開煤鐵，廣種植，勤開采，善製造，鐵路之利自不可誣」，因此又主張「令各省講求格致、化學、鑛學、開采、製造」（註三二）。他既認爲「鐵路之用，尤以開通土貨爲急」，故主張興造腹地的盧漢路（盧溝橋至漢口）。至於所需經費，則主採招股成立公司（註三三）。他的此一主張與李鴻章著重鐵路的國防作用大有不同，而與馬建忠相近（註三四）。不僅是鐵路而已，原先因軍事需要加以引進的電線（註三五），他也注意到「通消息而速事機」的用途，在光緒十三年底（一八八八）便主張在兩廣「添設各路電線」（註三六），而且在光緒十四年（一八八八）年他也去電李鴻章，希望在上海機器織布局的特許專利經營權外，能在廣東設立紡織局（註三七）。由官方「先行墊款籌辦」，「俟辦有規模，再陸續招集商股」（註三八）。這種講求西法以求富的思想，與他在山西時代的見解可以說是一脈相承。而初任兩廣總督時，他的洋務事業似以強兵為重點，這或許與他到兩廣的主要任務——督辦參與中法戰事——有關（註三九）。當然，從另一個角度來看，也可發現張之洞在兩廣總督任內，有關講求火藥、強水、強毛泥、煉鋼鐵（註四〇）、槍礮廠、造船、重學、氣學、光學（後三者乃著重與兵事有關）（註四一）等強兵主張，佔有相當份量。再與洋務五學乃附設於水陸師學堂的事實對照之下，張氏在兩廣總督任內推動的建設多與軍事層面有關。就此而言，張之洞此一時期西用的範疇似以軍事為重，何以求富的建設在奏摺中也佔有相當比例呢？

從張氏集子中的記載來分析，此一問題似乎也可解決。因為在他來廣東之前，便已了解學習西方船堅礮利的必要，而在山西巡撫任內也主張仿西法以求富。此二觀念在他兩廣總督任內，初期因中法戰爭的影響，軍事層面西用的引進較為積極，西學的引進（包括與富國相關者）也附設在軍事學校中。但是，至遲在光緒十五年（一八八九），他已提出富國先於強兵的見解，而且在前一年便籌劃一些西式富國事業的引進。則西學的引進已有逐漸從軍事範疇中再解放出來的傾向。

在兩廣總督任內，還有一事值得注意，附記於此，即張之洞對於派遣領事與兵船以護僑的類似西方諸國派兵船來華護商、護僑之做法，頗為贊成（註四二）。就張之洞在兩廣總督任內的西用範疇而言，不僅比山西期間擴大，也更具實踐力。除了船堅礮利之外，他也主張推動鐵路、電線以及其他富國事業。同時軍事學校，也具有傳授西學的功能。

移督湖廣以後，張之洞在光緒十七年（一八九一），便在湖北省城創建兩湖書院，認為書院貴得「明體達用之士」，而將「肄業課士之法分為經學、史學、理學、算學、經濟學」（註四三）。其中算學的西學意味最濃，而「經濟學」則或涉及西學。基本上，兩湖書院是尊經、廣雅兩書院的延續，其講求經世之學，是可以理解的。不過，由於早期兩湖書院與廣雅書院諸生仍以取得功名為主要目標（註四四），故「體制教學」的味道似相當濃厚，否則諸生何以應科考？而由於此時期的兩湖書院諸生地位比軍事學堂學生高（註四五），似又暗示了當張之洞以文武二校展現其「中體西用」架構時，中學的優位性。

光緒十九年（一八九三），張氏再次強調「治術以培植人才為本，經濟以通達時務為先」，主張設立「自強學堂」，分為「方言、格致、算學、商務四門」，認為「泰西語言文字為馭外之要領，格致兼通化學、重學、電學、光學等事為衆學之入門」，而「算學乃製造之根源，商務關富強之大計」，主張加以學習（註四六），至於所設的四門幾乎全屬西學範疇，與兩湖書院仍然分立，這展現張氏的「中體西用」架構。不過，自強學堂與水陸師學堂在性質已有所不同，似乎不再屬於軍事系統，而成為專門學校，就此點而言，或可視為張氏西學教育中的求富已從求強的範疇中分離出來。然而西學在「體制教學」的範疇內所佔份量仍不大，這可從兩湖書院的分科中看出。另外，兩個學校授課內容也已有明顯的交集存在，這與張氏在廣東的表現，似乎已有所改變。

光緒二十一年底（一八九六），張之洞以署理兩江總督的身份（註四七）主張「創設儲才學堂」，分為「交涉、農政、工藝、商務四大綱」，其中「交涉之學」分為律例、輿圖、賦稅、繙書四子目；「農政之學」則包括種植、水利、畜牧、農器；而「工藝之學」則分化學、汽機、鑛務、工程四子目；至於「商務之學」則有各國好尚、中國土貨、錢幣輕重、各國貨物興衰四子目，張氏並認為「法律、農政之教習宜求諸法德兩國」，而「工藝、商務之教習宜求諸英國」（註四八）。就張氏的思想而言，此一儲才學堂可視為自強學堂系統的延伸。不過，就其分科內容而言，似更具有「實用性」。同時，他主張在各省設商務局，以促進便商利民之舉，並鼓勵集股成立公司（註四九），推動各種新式工商業（其中部份乃中國舊有）建設（註五〇）和市政建設（註五一），並且主張商辦銀行（註五二）。而為了積極引進西用，張之洞也主張派人赴外國學習（註五三）。

另外，張之洞也主張設立陸軍學堂與鐵路學堂（註五四）。在光緒二十二年（一八九六），他對江西紳商籌辦蠶桑學堂，講求西法經營，表示鼓勵（註五五）。比起儲才學堂，這更是典型的專門學校，而張氏的態度也表明了對私人興建專門學堂的支持，這或與甲午戰後的開民智運動潮流有關（註五六）。

同年，張之洞回督湖廣以後，便開始整頓武昌的教育（註五七），使自強學堂成爲類似語文專門學校（尙附有化學一科），並指示翻譯的重點在商務律、鐵路律及「種植、畜牧等利用厚生之書以及西國治國養民之術，由貧而富，由弱而強之陳迹」（註五八），由此一翻譯重點或可看出張氏當時欲採用的西學重點。另外，他也改革兩湖書院，使其依照西方學堂辦法，分科分班按日上課，並改課經學、史學與輿地、時務（後改算學）四科（註五九）。兩湖書院本是張氏承繼尊經、廣雅書院所辦的中式書院，此一系統的書院與張之洞「中體西用」思想的中體有較密切的關係，此時既採西式學校的方式上課，則無異是張氏教育主張的另一轉捩點。

光緒二十三年（一八九七），張之洞指出「大率外洋武備學堂分爲三等，小學堂教弁目，中學堂教武官，大學堂教統領」，認爲中國「雖不能遽設大學堂，而教武官之學堂則不可緩」，以爲「泰西諸國民皆爲兵，將皆入學，頗於古義有合」，他遽欲「合文武於一途」，主張設立「武備學堂」，「講堂功課」有「軍械學、算學、測繪地圖學，各國戰史、營壘橋道製造之法、營陣攻守轉運之要」，至於「操場功課」則包括「槍隊、礮隊、馬隊、營壘工程隊、行軍礮台、行軍鐵路、行軍電線、旱雷演試、測量、演習體操」，並提出「講堂以明其理，操場以盡其用」，同時聘請德國教習負責訓練，另外規定「洋教習課程餘暇」，卽令學生「誦讀四書，披覽讀史兵略，以固中學之根柢」（註六〇），與水陸師學堂類似。値得注意的是，張氏在此已注意到西方的全民皆兵制，並已提出「合文武於一途」的主張，至於他指出的「講堂以明其理，操場以盡其用」，就其所列的課程觀之，在一定程度上，似已承認西學自身的體用。

無論如何，張氏回督湖廣以後的教育改革和設立武備學堂的主張，與光緒二十一年（一八九五）以前他的教育思想已有相當的差異，由改革兩湖書院和成立文武合一的武備學堂，已可看出在「勸學篇」提出前，他對西學大致的認識狀況和學校的教授內容的主張。

除了在其設立的學堂教授西學以外，張之洞由兩廣移督湖廣以後（「勸學篇」提出前），在採用西學（包括西技）上也有所擴大。而在軍事層面則繼續主張引進西用，其中對以後歷史發展有相當影響力的是：他在暫署兩江總督任上，仿照德制練兵，不僅「悉照西法操練」，而且「行軍應用軍火、器具、營壘、工程、轉運、醫藥之法，亦俱仿之」，並派人赴西洋留學，而在中國設學堂相輔而行（註六一）。此軍卽爲自強軍（註六二），也是民國初年最稱能戰的北洋第三鎭之前身（註六三）。在軍事範疇之外，張氏也主張在各省廣開學堂，教授各國語言文字、種植、製造、商務、開礦、修路、例律各項專門名家之學，並主張「豫定章程」給予留學生出身，以「收其實用」（註六四）。

總之，從光緒元年（一八七五）到二十四年（一八九八）「勸學篇」提出前，張之洞「實用主義」的色彩似乎有越來越濃的趨勢，其所欲引進的西用範疇也越來越大。但是，這並非意味着「正統主義」在其思想中退縮，而是由於出任疆吏以後，張之洞接觸洋務的機會越來越多，對西學的認識也就更廣、更深，在不抵觸「正統主義」的狀況下，其「實用主義」的色彩也就愈來愈鮮明，西用的範疇也隨之擴大，其中值得注意的是，他在兩廣總督任內的洋務視界並非未達富國的範疇（事實上，他在山西巡撫任內便已注意到此），而只是因爲中法戰爭的關係，短暫地以強兵建設爲優先而已。此外，就其思想結構而言，他的「通經致用」思想至遲在光緒十年（一八八四）已轉爲「中體西用」，而在兩廣總督任內由文武二校展現出來。在張之洞移督湖廣以後，「中體西用」思想已轉變爲由傳統書院（兩湖書院）和專門性學堂（如自強學堂）展現，當然後者仍包括軍事學堂在內。値得注意的是，當他由署理兩江總督回任湖廣總督時，對兩湖書院的改革，已顯示出其教育思想（中體西用）的改變，這在「勸學篇」提出後，就更明朗化了。

【註釋】

註 一：參看楊肅獻，『晚清的反變法思想（一八九一——一九〇〇）』（台北，台大歷史研究所碩士論文，民國六十九年），頁九九——一〇四、二〇六；小林武，「『勸學篇』と『翼教叢編』——清末の保守主義について——」，『中國哲學史的展望と摸索』（東京，創文社，一九七六年版），頁八二四、八二六，本章的內容卽來自小林武研究的啓發。

註 二：陳鍪，「戊戌變法時期反變法人物之政治思想」，『燕京學報』，二十五期（北平，民國二十八年六月），頁九三～六。

註 三：本文第二章所討論的「中體西用」論者，在其所處時空下，思想的意義主要乃在積極導入西學，與本章討論者另具有「對抗變法」的意味，有所不同。

註四：有關本章討論的內容，研究成果相當可觀，除了前引的論著外，如蘇雲峰的『張之洞與湖北教育改革』（台北，中央研究院近代史研究所，民國六十五年版）和「張之洞的經世思想」，『經世論文集』抽印本，以及王爾敏的『晚清政治思想史論』、劉吉原，『張之洞中體西用思想之研究』（台北，台大政治研究所碩士論文，民國七十年）；和溝口雄三，「近代中國像は歪んでいないか——洋務と民權および中體西用と儒教」；W. Ayers, *Chang Chih-tung and Educational Reform in China* (Cambridge, Mass.: Harvard University Press, 1971); D. H. Bays, *China Enters the Twentieth Century: Chang Chih-tung and the Issue of a New Age* (Ann Arbor: The University of Michigan Press, 1978), etc.。其中兩篇碩士論文探討的主題與本章十分類似，可以參考。

註五：蘇雲峰，『張之洞與湖北教育改革』，頁一三～四。

註六：許同莘，『張文襄公年譜』（台北，商務印書館，民國五十八年版），頁二～八。

註七：在其子張權出生時，張之洞以「仁厚遵家法，忠良報國恩，通經爲世用，明道宋儒珍」敍子孫輩行，同上註，頁六。

註八：同上註，頁一七。

註九：「教士之道，其宏綱要領，世祖皇帝臥碑八條，聖祖皇帝聖諭十六條盡之，凡屬士林，恭敬遵守」，張之洞，「輶軒語」，『張文襄公全集』（以下簡稱張集）（台北，文海出版社，民國五十二年影印本），卷二〇四，頁二a。

註一〇：同上註，頁九a。

註一一：「創建尊經書院記」，同上引書，卷二一三，頁二一a、二四a。

註一二：「輶軒語」，同上引書，卷二〇五，頁五a。

註一三：同上註，頁二a。

註一四：同上註，卷二〇四，頁三六b。

註一五：參考本書第二章第三節。

註一六：蘇雲峰，『張之洞與湖北教育改革』，頁二〇～一。

註一七：李國祁，『張之洞的外交政策』（台北，中央研究院近代史研究所，民國五十九年版），頁六～七。而根據『張集』的史料，張氏在此期間的主要西用主張如左：

年代	西用主張	出處
光緒五年	購買蚊子船；講求外交人才。	「詳籌邊摺」，『張集』，卷二，頁八b、一一a。
光緒六年	頒發西方兵書中譯本	「謹陳海防事宜摺」，『張集』，卷二，頁二七

	至各營講習。	a。

註一八：參閱本文第二章第三節。

註一九：蘇雲峰，『張之洞與湖北教育改革』，頁二〇。

註二〇：參閱許同莘，前引書，頁二七；W. E. Soothill 著，周雲路譯，『李提摩太傳』（香港，基督教輔僑出版社，一九五七年版），頁三〇～一；蘇雲峰，『張之洞與湖北教育改革』，頁二一～二。

註二一：張之洞，「札司局設局講習洋務」，『張集』，卷八九，頁二二b～二四a。

註二二：「延訪洋務人才啓」，同上引書，卷八九，頁二四a～b。

註二三：當然正文中對此的理解，顯得保守，因爲此或許可視爲張氏已瞭解到商務在西洋諸國之所以「強」中所扮演的角色，或也可推論至他認爲學習西法的重點乃在商務問題，不過在沒有其他證據作爲架橋的媒介，使此一推論具有充分的說明力之前，似乎有推論過當之嫌。

註二四：張之洞，「籌議海防要策摺」，『張集』，卷一一，頁一七a～二三a。

註二五：「創辦水陸師學堂摺」，同上引書，卷二一，頁二五a～二七a。

註二六：「增設洋務五學片」，同上引書，卷二八，頁七a～九a。

註二七：「請頒廣雅書院扁額摺」，同上引書，卷二六，頁二〇b～二一a。其中僅有「經濟」一科可能與洋務發生關聯，不過以張之洞在摺中所言觀之，似乎仍以中學所佔的比重較大，是否有涉及西學則未可知；蘇雲峰則指出此一書院乃「維護傳統價值的堡壘」，不過諸生比起尊經書院而言似有更多接觸西學或時務的機會，蘇雲峰，『張之洞與湖北教育改革』，頁二五。

註二八：蘇雲峰，『張之洞與湖北教育改革』，頁二六。

註二九：蘇雲峰，「張之洞的教育思想」，『晚清思想』，頁三九三。

註三〇：參照第二章第二節討論。

註三一：參照張之洞，「酌擬變通武科新章摺」，『張集』，卷四八，頁一九b。

註三二：「致海署李中堂」，同上引書，卷一三三，頁二四b～二六a。

註三三：「請緩造津通鐵路改建腹省幹路摺」，同上引書，卷二五，頁一一b～一二a、一六a～b、一八a。

註三四：參見第三章第三節的討論。

註三五：張之洞，「致總署」，『張集』，卷七三，頁一五b。

註三六：「添設各路電線摺」，同上引書，卷二四，頁三a，張氏在此既提及「商務事宜」，或有以電報提供商務聯絡的意味。

註三七：「致天津李中堂」，同上引書，卷一三一，頁一六a～b；李鴻章，「李中堂來電」，同書，卷一三一，頁一六b。

註三八：「擬設織布局摺」，同上引書，卷二六，頁六b～七a。

註三九：參考劉吉原，前引書，頁九三。在此，劉氏認爲，張至兩湖以後，洋務的視界才擴大至富國的範圍，與史實有不合之處，可參看本文下面的討論。

註四〇：張之洞，「籌議海防要策摺」，『張集』，卷一一，頁一七a～二三a。值得注意的是，早在此時張氏已對使用不同機器冶煉不同的鐵質有所瞭解。

註四一：「籌議大治水師事宜摺」，同上引書，卷一三，頁八a、一一a～b。

註四二：「會籌保護僑商事宜摺」，同上引書，卷一五，頁九a～一四a；「致總署」，同書，卷七五，頁二二b。

註四三：「咨南北學院調兩湖肄業生」，同上引書，卷九七，頁一六a～b。依據文脈張氏主張兩湖書院的地位比軍事系統的學校高，蘇雲峰，『張之洞與湖北教育改革』，頁七七，這將有助於對文武分途時的張之洞思想之理解。

註四四：蘇雲峰，『張之洞與湖北教育改革』，頁五三。

註四五：參照註四三。

註四六：張之洞，「設立自強學堂片」，『張集』，卷三四，頁五a～b。

註四七：參考許同莘，前引書，頁八五、一〇二。

註四八：張之洞，「創設儲才學堂摺」，『張集』，卷四〇，頁三四a～b。以當時歐洲諸國而論，英國是老牌工業國和商業國，而法德兩國對農業則相對地較爲重視，且中國的法律制度後來的發展乃採大陸法制，張氏的見解似也有所見地。

註四九：「籲請修備儲才摺」，『張集』，卷三七，頁三〇a～b。

註五〇：包括開煤、煉鐵、製器、繅絲、種棉、種茶、種蔗、造糖、磨麪、造瓷器、織呢羽、造洋綢、洋鹹、洋釘、洋酒、火柴、小輪、洋蠟、洋水泥、洋呢氈、洋酒等等。同上註，頁三一a、三二a～b；「致總署」，『張集』，卷七八，頁二七a～二八a。

註五一：「興辦上海南市各工程摺」，同上引書，卷四〇，頁一九a～b、二一a。

註五二：「遵旨會同覈議銀行利弊擬請仍歸商辦並由南北洋稽查以保利權摺」，同上引書，卷四六，頁四a～五a。

註五三：包括工廠方面的種植、製器、紡織、煉冶、造船、造礮、修兵、開鑛、化學等等，以及選拔才俊之士遊歷各國學習的「工作、商務、水陸兵事、礮台、戰艦、學校、律例」。「籲請修備儲才摺」，同上引書，卷三七，頁三一a、三二a～三四a。

註五四：「創設陸軍學堂及鐵路學堂摺」，同上引書，卷四一，頁九b～十a。

註五五：「江西紳商請辦小輪瓷器及蠶桑學堂摺」，同上引書，卷四三，頁二三a。

註五六：Ting-i Li, op. cit., pp. 279～83。

註五七：蘇雲峰，『張之洞與湖北教育改革』，頁六一；筆者對此一改革的初步瞭解，尤其是在時序方面，乃透過此書的研究，不敢掠美，特此說明。

註五八：張之洞，「札道員蔡錫勇改定自強學堂章程」，『張集』，卷一〇〇，頁二四b～二六b。

註五九：蘇雲峰，『張之洞與湖北教育改革』，頁六五、六二；張之洞，「兩湖經心書院改照學堂辦法片」，卷四七，『張集』，頁二一b～二二a。而許同莘指出「兩湖之教，博約兼資，文行並茂，爲乾嘉以後漢宋學派之結局，斟酌於書院學堂之間，中學爲體，西學爲用，乃後來學校之先聲」，許同莘，前引書，頁八六～七，由此可見兩湖書院在張氏思想演變中所具有的角色。

註六〇：張之洞，「設立武備學堂摺」，『張集』，卷四五，頁二〇b～二一b。

註六一：「籲請修備儲才摺」，同上引書，卷三七，頁二〇b～二一b。

註六二：參閱許同莘，前引書，頁九二～三。

註六三：此乃李守孔師所指示者。

註六四：張之洞，「籲請修備儲才摺」，『張集』，卷三七，頁二二a、二四b、二六a～b、二八a～二九b。其中張氏主張留學生回國「予以出身，收其實用」，與留學政策的貫徹與否有密切關係。

第二節　「勸學篇」理念架構之探討
——附論『翼教叢編』派的「中體西用」思想

在上一節中已對「勸學篇」提出前的張之洞的思想演變加以討論，在此則以「勸學篇」的時代背景及其思想（包括同時期張之洞的其他資料）作爲討論主題，並討論同時期與「勸學篇」立場相近的『翼教叢編』派「中體西用」思想。

一、「勸學篇」之時代背景

自甲午戰爭以後，識者之間已多少認清不能墨守成法，而主張自強的根本在於制度的改革（註一），身爲湖廣總督的張之洞也在轄區內勵行「新政」，光緒二十三年（一八九七），湖南巡撫陳寶箴與學政江標也引用變法派的梁啓超諸人，在湖南努力推動「新政」（註二）。

作爲推動「新政」重要根據地的「時務學堂」，乃是由王先謙等人要求設立的，並延聘梁啓超擔任教習（註三），雖然後來『翼教叢編』派的王先謙成爲與變法派針鋒相對的主力，但在此時雙方相處尚稱不惡，王先謙也曾購買時務報供嶽麓書院的諸生閱讀（註四）。光緒二十四年（一八九八）春，由於梁啓超諸人在湖南鼓吹民權，竊印『明夷待訪錄』、『揚州十日記』等書，加以案語，暗中分發，傳播革命思想和康有爲學，引起湖南守舊士紳的不滿，新舊之爭從此登場（註五）。

當時由於梁啓超等人在湖南推動的「新政」對於既有的政治體制和「體制教學」造成强烈的

衝擊，於是以原來欣賞梁氏的王先謙爲首的保守士紳對「新政」便加以抨擊，其文字以『翼教叢編』作爲代表（註六）。

光緒二十四年（一八九八）三月，兩湖思想界變法與反變法思想的矛盾衝突十分厲害（註七），而張之洞在此時已意識到變法思想轉向激烈。因此他以梁鼎芬爲總理，創辦『正學報』以昌明正學，宏揚聖道爲主旨，並在閏三月中旬以後禁止『湘學報』在湖北行銷，這表示他與梁啓超等變法派正式分道揚鑣（註八）。而從四月一日起並在『湘學報』連載「勸學篇」（註九），且其中部分內容被收入『翼教叢編』內，因此基本上「勸學篇」的主張，亦可歸類爲『翼教叢編』派「中體西用」思想。雖然對於張之洞爲何發表「勸學篇」，學者們衆說紛紜（註一〇）。但是就張之洞思想基底來考察，由於當時梁啓超、譚嗣同等變法派的主張已經對其思想的「正統主義」發生衝擊，並與張氏在「正統主義」容忍的範圍內展現「實用主義」色彩的思想基調產生嚴重衝突；更且梁氏等人鼓吹民權和滿漢之分對其「中體西用」思想的中體核心——三綱五倫之「恭順倫理」——也形成強而有力的挑戰，張氏在此時推出與其思想一脈相承的「勸學篇」，和變法派對抗，就其思想結構來說是順理成章的事。在此之後的中國近代思想史脈絡中，「中體西用」思想除了作爲引進西用的理論外，也是壓制進一步引進西方政教、思想主張的利器。因此，在下面擬以「勸學篇」的思想爲中心，討論張之洞在戊戌變法其間及其後的「中體西用」思想。

二、「勸學篇」理論架構—「中體西用」

「勸學篇」寫作時間似在光緒二十四年（一八九八）三月間（註一一），此書不僅是張之洞

「中體西用」思想實至名歸的代表，也是「中體西用」思想最有系統的呈現，本應逐條細加分析討論，不過由於其「中體西用」思想在集子中許多地方亦有所說明，本文也有所探討，而且研究成果已甚多，故僅就其篇中「中體西用」思想的內容與結構作一簡單的分析。

「勸學篇」分為內外兩篇，「內篇務本以正人心，外篇務通以開風氣」（註一二），已表現出其思想的輪廓，據此汪榮祖指出「正人心以務本，體也；開風氣，用也，本體固始能盡變法之用」（註一三），可說是已掌握住「勸學篇」思想的精髓。楊肅獻更點出內外兩篇是以內篇所表現的理念作為主導思想而構成一完整的體系（註一四）。

以前述的研究成果為基礎，在此主要擬探討「勸學篇」中「中體」與「西用」的關係，並檢視其思想的目的性，以及討論其中「中體」與「西用」如何「循序」、「會通」，而能「洋為中用，而不失為中」（註一五），最後並討論接受的「西用」究竟到何種程度。又由於科學制度與「體制教學」關係十分密切，故在此也連帶加以討論。

張之洞在此指出，當時的時局「惟以激發忠愛，講求富強，尊朝廷，衞社稷為第一義」，說明「保國家」、「保聖教」與「保華種」是「三事一貫」，並指出「保國」的優先性，至於所謂的「聖教」，一方面指涉的是「五帝三王」以降帝王「明道垂法」的「聖人之道」，尤其是「體制教學」下官定朱子學系統的儒學（註一六），由此可見「勸學篇」思想的終極關懷，以及其思想的目的性。其中國家（朝廷）的概念強調，顯示出某種程度時代意義（註一七）。

同時他對於作為中體核心的三綱五倫賦予絕對性，強調「天不變，道亦不變」，而所謂「不變」之道，也就是「殷因於夏禮，周因於殷禮」中「所因」的「三綱五倫」，並引用朱熹注解的「親親」、「尊尊」、「長長」和「男女有別」乃是「不可得與民變革者」，而「五倫之要，百行之原，相傳數千年，更無異議」，認爲「聖人所以爲聖人，中國所以爲中國，實在於此」（註一八），而張之洞在「變法」篇中，再次強調「道者所以立本也，不可不一」，而所謂的「道本」就是「三綱四維」，並認爲一旦捨此則「法未行而大亂作矣」（註一九）。

在另一方面由於張氏強調「西學亦有別，西藝非要，西政爲要」（註二〇），又提出「不可變者，倫紀也，非法制也；聖道也，非器械也；心術也，非工藝也」（註二一），使人易誤解張氏對制度改革贊成的程度，事實上張氏所謂的「西政」乃是「學校、地理、度支、賦稅、武備、律例、勸工、通商」，其所謂的「法制」並不是根本大法（註二二），衡諸張氏全篇的意見並參考其前期的主張，其對制度改革的主張似仍停留在有限的行政重組及採用西法以增補中國的結構上（註二三）。

在「中體」與「西用」的關係上，張之洞在「設學」中討論「學堂之法」時指出「四書五經中國史事政書地圖爲舊學」，而「西政西藝西史爲西學」，「舊學爲體，西學爲用，不使偏廢」（註二四），在「會通」中又認爲「中學爲內學，西學爲外學；中學治身心，西學應世事」（註二五），而且在前述強調「道不變」的狀況下，認爲「法者所以適變也，不必盡同」（註二六），主張「變其法」而「能變器」（註二七）。

爲了解決這種「道」不變而「器」變的理論之下，形成的「道器」分離狀態，張之洞在某種程度也採取了「西學源出中國說」和「託古改制」的方式（註二八），希望能加以「會通」，減少反對者的藉口。再者，張之洞一方面說明「欲強中國，存中學，則不得不講西學」，另一方面則強調如果「不先以中學固其根柢」，則「其禍更烈於不通西學者」，並認爲「中士而不通中學」，就好像「不知其姓之人，無轡之騎、無柁之舟」一般（註二九），在某種程度上把「中學」與中國人關連起來，將中學視爲根柢。透過如此的「會通」、「循序」再加上中體核心的三綱五倫的絕對化作爲前提，張之洞藉此能洋爲中用，而不失其爲中。但是正如前面一再提及的，以「西學源出中國說」與「託古改制」作爲「中體」與「西用」關連的媒介，在張之洞的思想中或可成立，但是終究缺乏事實的基礎（註三〇）。

至於張之洞在「勸學篇」中尚有兩個有關教育的主張十分重要，一個是他秉持對教育的重視，提出一整套學制和教育主張，在京師省會設大學堂；在各道府設中學堂，在州縣設小學堂，並對私人設立學會加以鼓勵（註三一），而對學制而言，乃是把他的主張中原有舊制書院與新式專門學堂的雙元教育加以組合成一個「中體西用」的教育體系（註三二）。另一個則是提倡留學，認爲「出洋一年，勝於讀西書五年；入外國學堂一年，勝於中國學堂三年」（註三三）。此二主張的提出，乃是在張之洞以「益智」爲其「變法」之先決條件的認識下加以推動的（註三四）。究竟張氏如何將其思想中原有的舊式書院和新式專門學堂的雙元教育合組爲一個「中體西用」的教育體系的思想落實呢？這可由時序與「勸學篇」相近的「兩湖經心兩書院改照學堂辦法片」看出來。他主張將兩湖、經心兩書院「酌照學堂辦法，嚴立學規，改定課程」。其中兩湖書院「分習經學、史學、地輿學、算學四門」，「另設院長總司整飭學規，考核品行，講明經濟」；經心書院則「分習外政、天文、格致、製造四門」，並「另設院長，總司整飭學規，專講四書義理，中國政治」。至於「兩書院分習之大指，皆以中國（學）爲體，西學爲用，既免迂陋（濶）無用之識，亦杜離經叛道之弊」（註三五）。

而除了設學校，提倡留學之外，爲了「益智」，張之洞在此還主張「廣譯」（註三六）和推動「閱報」（註三七），其中對報紙的重視，在其稍前積極推動「官銷時務報」中便可看出（註三八）。至於在改革科舉方面，「勸學篇」雖也有所論述，然而在其後不久的張之洞奏摺中，也找到類似的主張，而且因爲是在奏摺中，故更能表現當時張之洞所欲實現的科舉改良方案，故在此略過「勸學篇」的相關討論。

在光緒二十四年五月十六日（一八九八年七月四日）的奏摺中，張氏除了主張廢除八股文以外，對「體制教學」的擁護則是十分明確的。他認爲廢八股並不是廢四書五經，並害怕「不爲定式，恐策論發題」界限過寬，故主張正名爲四書義、五經義，其中出題必須是經書原文，文體則以「樸實說理明白曉暢爲貴」，而且不可引用「違悖經旨之言」（註三九），表現出他對「體制教學」基本原理的擁護。同時他也顧及到「明旨開特科立學堂，而學堂肄業有成之士未嘗示以進身之階」，因此認爲「宜籌一體用一貫之法，求才不厭其多門，而學術仍歸於一，是方爲中正而無弊」。就此而言，他主張參仿朱熹和歐陽修的意見，將考試分爲三場，前場中榜後才准參加次場。其中第一場考「中國史事國朝政治論五道」；二場則考時務策五道，考「各國之政、專門之藝」，其中「政」包括各國地理、學校、財賦、兵制、商務、刑律等等，「藝」則是格致、製造、聲、光、化、電等等，「分門發題」，重要的是就此場而言，張氏明言：「雖解西法而支離狂悖顯背聖教者不取」；最後一場則「試四書義兩篇，五經義一篇」（註四〇）。由此一考試流程來看，已不再僅是以「道德修養」的標準來決定中試與否，專業的成份亦佔有相當比重，「體制教學」的主宰範圍畢竟已有縮水的趨勢；但是，由張之洞的文脈看來，「體制教學」較西學具有優位性和較具決定性是無庸置疑的。

在變通原有的「武科」方面，張之洞主張「非由行伍不得科舉，非由科舉不得將官」，認爲「欲采擇西法，莫如先自練兵始」，而「欲學西人之練兵，莫如開兵勇之升階，合學堂於營伍始」，以爲武試亦分爲三場，「頭場試槍礮準頭，兼合演試裝拆運動之法」，「二場試各試體操及馬上放槍、步下擊刺之技」，至於第三場則「試測繪工程、台壘、鐵路、地雷、水雷、輿地、戰法等」（註四一）。

無論如何，在考察張之洞「勸學篇」思想時，必須掌握其中體核心的倫常名教的絕對性與優位性，以及對民權思想的批判，由此可知其改革在理論上的極限，另外則必須掌握其對「益智」（主要是西用）的重視，此正展現其引進西學功能的一面。而此二者也正表現出「勸學篇」「中體西用」思想的雙重性格，卽後期洋務派領袖張之洞與守舊派在擁護既有體制與社會原理上一體化（註四二），而在「益智」方面則與變法派的認識類似（註四三）。

就此一時期的張之洞「中體西用」思想而言，其西用的範疇與鄭觀應、陳熾、湯震（基本上時序較前）等人相較之下究竟擴大抑是縮小呢？

前面曾提及設立議院的主張是鄭觀應、陳熾、湯震三人「中體西用」思想的重要特色之一，在此便先討論張之洞的相關思想。

在「勸學篇」中，張之洞對於設立議院的主張持反對意見，認爲當時中國民智既未開；且外國必須「家有中貲」者才得選議員，而華商「素鮮巨貲，華民又無遠志，議及大舉籌餉，必推諉默息，議與不議等耳」（註四四）。就此而言，張氏對於議院的籌款作用雖有注意，卻未正視其在決策過程中所扮演的功能。由此觀之，張之洞不僅西用範疇未包括議院，其對議院的認識顯又不及鄭觀應、陳熾。

問題是，鄭觀應、陳熾和湯震（尤其是湯）的議院主張也都沒有超出「中體西用」思想的格局，因此張氏在此對議院的態度與「中體西用」思想結構並沒有必然的關連，而只表示張氏思想的西用範疇較小而已。

當然在此時張氏也沒有排除未來設置議院的可能，而主張先大量興辦學堂，培育人才，等到人才日盛以後，再討論設立議院的問題（註四五）。此一視教育與人才的培育爲議院根本的見解，與鄭觀應等人並無不同。然而是否一定要等「學堂大興，人才日盛」以後才能設立議院，則是其間的主要歧異所在。就必先有設議院的社會環境和文化條件，才能引進議院組織的立場而言，張氏的見解自可接受。但是，從另一個角度來看，如果沒有設立議院以提供一個實際操作的環境，便缺乏實習的機會，則合乎議院制度的文化條件恐怕不是僅僅人民智識提高便可以達成的。更何況，議院制度的引進本身，便可與原有的制度和文化條件互動，對於產生合乎議院制度所須的文化條件而言，也有所助力。就此而言，鄭觀應，先設立議院，同時大興學校，培育人才的主張，也是持之有故，言之成理。而兩者相較之下，張氏較富保守色彩的事實，也昭然若揭了。更何況張之洞具有相當影響力的強學會曾重印湯震的『危言』（註四六），就湯震的議院主張而言，主要的目的不過是由現有的官僚參與，以便對君主提供更佳的資訊而已。縱使是這種議院，張氏在此時也未主張採用。此一事實或更有助於對張氏此時思想的了解。不過在光緒二十七年（一九〇一），他便主張由官員推舉成員組成上議院（註四七）。但縱然如此，較諸鄭觀應、陳熾的議院主張，他的議院組織無疑更缺少西洋議會政治的色彩。

在討論張之洞此期的議院主張之後，已經了解議院在此期並未包括在其西用的範疇內。那麼，張之洞除了承繼前期洋務派主流的「器物」層面和枝節的行政改革的西用以外，他的西用範疇在政法方面比起鄭觀應、陳熾、湯震諸人，是否也有縮小的趨勢呢？

就「勸學篇」及其相關文字的內容觀之，他的「西政」雖也包括律例，但是對於法院的運作方式，以及攸關人民權益的刑法諸方面而言，並未納入西用的範疇，則他在此方面的西用範疇也較鄭觀應小。

總而言之，就「勸學篇」時期張之洞「中體西用」思想的西用範疇較諸前期「中體西用」論者鄭觀應、陳熾、湯震諸人，不僅沒有「集其大成」，反而有縮小的現象。至於與「勸學篇」同時期的『翼教叢編』派「中體西用」思想又是如何呢？下面擬選擇一些較具代表性的王先謙、葉德輝、文悌等人之主張，加以討論。

三、『翼教叢編』派之「中體西用」思想

從本文前面討論的「中體西用」思想中，可以發現學習「西器」以衞「中道」的意味，至於復興、維護傳統中國儒家秩序，則是自強運動十分重要的一個目的（註四八）。而本節所探討的『翼教叢編』派「中體西用」論者在思想觀念上與此有密切的關聯（註四九）。他們與張之洞一樣，當梁啓超等人所推動的新政試圖將傳統中國儒家秩序與「體制教學」解體而重新再編成時，由於中體的核心——三綱五倫之「恭順倫理」——遭到强而有力的挑戰，故起而與之對抗（註五〇），此就「中體西用」的理論而言，是論理上的必然。

對於『翼教叢編』派「中體西用」思想在戊戌變法期間的歷史地位有所瞭解之後，接著擬探討其思想的內涵。

王先謙在光緒五年（一八七九）的奏摺中便已經清楚地表達接受「西用」的觀念，他不僅主張採用西方的「船械」、也主張開礦和「倣製織造機器」，並認爲「水雷、礮台、電線、鐵路」都應該「次第籌辦」，而除了「船堅礮利」之外，其他非軍事用途的「西器」之採用，似也是因爲「籌經費」的考慮而要求採用（註五一）。而之所以有時務學堂的創立，也是因爲王先謙等人在湖南成立輪船公司，深怕別人誤以「其僅爲謀利」，而要求設立的（註五二）。王先謙以爲「外洋諸邦，立國自有根本」，但是在「文字、人倫方面不如中國」。不過，他甚至願意承認在中國之外也有「有開物成務的聖人」（註五三）。此一意見如早幾年提出，恐怕會與其友人郭嵩燾

遭到同樣的命運，這正顯出時空不同評價也不同的現象。同時，他認爲中國講「西學」只在「工藝」，如果「舍工藝而談西學」，就好比「斷航而求至海，南轅而北轍」（註五四）。他並以「中道西器」說來表達其「中體西用」思想，認爲「藝成而下，西國有焉；道成而上，中國有焉」（註五五），而「工藝之學」是「形而下者」，與「形而上」的「中學」之間，本來就是「古今殊途」，並不是「治世之要務」（註五六），不過王先謙似乎並沒有處理採用「古今殊途」的「西器」要如何與「中道」協調（註五七）。

葉德輝則提出「聖人之綱常不可攻」（註五八），而認爲「西法非不足尙」，主張「士當師其通農商諸學之長，工當師其製造，兵當師其練習測繪之長」（註五九），由此表現其「中體西用」之思想。

而嚴參康有爲的文悌，更明確地表現出「中體西用」論的意味，他認爲「必須修明孔孟程朱、四書五經、小學性理諸書」，表明對「體制教學」的擁護，以爲如此「使人熟知孝悌忠信禮義廉恥、綱常倫紀、名教氣節以明體」，而後「再學習外國文字言語藝術以致用」（註六〇）。

他們思想的基本性質，在戊戌變法前後基本上並不是主張在維持「中體」之下採用「西用」，而是強調對「中體」不變性的肯定。蘇輿便明確地指出『翼教叢編』乃「專以明教正學爲義」（註六一），而所謂的「明教正學」，就是明「體制教學」的三綱五倫之教、正孔孟程朱之「體制教學」，表現出對三綱五倫和君權的維護，而對於民權、平等等思想加以抨擊（註六二）。而且『翼教叢編』派的「中體西用」思想，乃是針對當時梁啓超等人「變法運動」對傳統中國社會政治秩序與文化道德秩序所引起的震憾，而產生的一個自覺的反動（註六三）。

從以上諸人的「中體西用」思想來看，其西用的範疇似乎沿襲前期洋務運動的概念，止於「器物」層面而已，較諸鄭觀應、陳熾、湯震的西用範疇，顯得退縮。相對的其對中體不變性的強調與突顯，則成為他們思想的特色（「勸學篇」時期的張之洞亦然）。

【註釋】

註　一：小野川秀美，前引書，頁四九。

註　二：汪榮祖，前引書，頁九〇；又湖南「新政」的推動情形，可參看林能士，『清季湖南的新政運動（一八九五—一八九八）』（台北，台大文學院，民國六十一年版），頁一～九五。筆者對有關湖南「新政」的初步了解，多得力於此，特此致謝。

註　三：熊希齡，「上陳右銘中丞書」，『戊戌變法文獻彙編』，冊二，頁五八五～六；參閱林能士，前引書，頁二九。

註　四：王先謙，「嶽麓王益吾祭酒購時務報發諸生閱讀手諭」，『戊戌變法文獻彙編』，冊四，頁五四九～五〇。

註　五：梁啓超，『清代學術概論』（台北，中華書局，民國六十七年版），頁六二；林能士，前引書，頁九六～七。

註　六：蘇輿，「翼教叢編序」，頁一a～二b，蘇輿編著，『翼教叢編』（以下簡稱翼教）（台北，台聯國風出版社，民國五十九年影印本）。

註　七：楊肅獻，前引書，頁一八六。筆者對『翼教叢編』派的初步認識，多得力於此書，特此致謝。

註　八：同上註，頁一七六～七。

註　九：小野川秀美，前引書，頁二二四。

註一〇：參閱汪榮祖，前引書，頁二一～二；劉吉原，前引書，頁一八。

註一一：許同莘，前引書，頁一一三。

註一二：張之洞，「勸學篇序」，頁二a，『張集』。（以下所引「勸學篇」之文字。在註中一概僅標名其篇名和在張集中的卷數、頁碼）。

註一三：汪榮祖，前引書，頁一二四。

註一四：同上註，頁一八七。

註一五：在此的部分論題乃得自汪榮祖研究成果的啓發，參閱汪榮祖，前引書，頁一二三，汪氏在此指出，「中學爲體，西學爲用」一詞在「勸學篇」中偶不一見，見時亦不似梁啓超所指之淺陋，筆者本欲找出探討，奈何遍尋不獲。

註一六：「同心」，卷二〇二，頁二a～三b。

註一七：曾國藩在對抗太平天國時乃以文化作爲訴求對象，參閱本文第二章第三節及郭廷以，『近代中國史綱』，頁一一三～四。張氏在此則表現了一定程度的國家意識，這或許與張氏面對的乃是西洋諸國有關。對此蕭公權指出「張氏保國保種之說，實不過保淸之飾詞，至其保教之意，亦不外表章『荀學』以爲鞏固清室政權之目的」，（蕭公權，『中國政治思想史』（台北，華岡出版公司，民國六十六年版，頁七八九），可說是點出張氏思想的目的所在，不過「荀學」則應改爲官定朱子學較合乎歷史事實。汪榮祖更把此置於歷史脈絡中來理解，指出「戊戌時湘中風氣大開，懼『倡爲亂階』，時又有『保中國不保大清』之流言，乃提出三保之說以力求安定。安定而後能變法」，對張氏思想本質的理解頗有見地；另參閱近藤邦康，前引書，頁八，近藤認定張氏講中體西用，不過將它視爲擁護體制（保國）的手段。而由張氏的文脈來看，似乎也將政治範疇的國家（朝廷）置於文化範疇的聖教之上。但是從官定朱子學的思想體系來看，則既有的政治體制根本上已與聖教結合，而政制也成爲聖人之道的展現，則或可視爲政治範疇被納入文化範疇之中。不過就目前政治學的通說而言，國家與朝廷（政府）之間終究有所不同。

註一八：「明綱」，卷二〇二，頁一三a，其中「中國所以爲中國」的意見十分重要，將「中國」與「三綱五倫」緊密地加以連結，此與民國以後的「中體西用」思想發展有十分密切關係，另參註五九；另參小林武，前引文，頁八二九。

註一九：「變法」，卷二〇三，頁二二a。

註二〇：「勸學篇序」，頁三a。

註二一：「變法」，卷二〇三，頁一九b。

註二二：「設學」，卷二〇三，頁九b；參閱王黎明，前引書，頁六三。

註二三：參閱 I. C. Y. Hsü, op. cit., p.423。

註二四：「設學」，卷二〇三，頁九b。
註二五：「會通」，卷二〇三，頁四八b。
註二六：「變法」，卷二〇三，頁二二a。
註二七：「勸學篇序」，頁三a。
註二八：參閱「會通」，卷二〇三，頁四五a～四八a；其中自四五a～四六b多在以中國經書的說法附會西法，頁七四a～四八a，則多在討論「西學源出中國說」。不過張氏仍然指出「聖經皆已發其體，創其制」，而非「已習西人之技，具西人之器，同西人之法」，這或許是張氏已看到前述的理論已被用來作為抵制西法的理由。參閱孫廣德，『晚清傳統與西化的爭論』（台北，商務印書館，民國七十一年版），頁九九。
註二九：「循序」，卷二〇二，頁二七a、二八a。
註三〇：參看第二章第四節的討論。
註三一：「設學」，卷二〇三，頁八a～一一b；「學制」，卷二〇三，頁一二a～一三b；另參閱劉古原，前引書，頁一七九～八四的討論。
註三二：參閱蘇雲峰，『張之洞與湖北教育改革』，頁二六。
註三三：「遊學」，卷二〇三，頁六a。
註三四：參閱蕭公權，『中國政治思想史』，頁七九一。張之洞，「兩湖經心兩書院改照學堂辦法片」，『張集』，卷四七，頁二一b～二二a。皮明庥氏引用不同的版本，文字與文海版有異，直指為

「中學爲體，西學爲用」，皮明庥，前引文，頁六三。由於其時「中學爲體，西學爲用」之說已經屢次出現，（參閱王爾敏，『晚清政治思想史論』，頁五四～五），且張氏的文字中學出現地相當多，皮明庥所引者當爲可信，而且與張之洞同時且有所交往的梁啓超早就指出：「有所謂『中學爲體，西學爲用』者，張之洞最樂道之」（梁啓超，『清代學術概論』，頁七一），皮氏所引雖不中當亦不遠。

註三五：張之洞，「兩湖經心兩書院改照學堂片」，『張集』，卷四七，頁二一b～二二a。

註三六：「廣譯」，卷二〇三，頁一四a～一六b。

註三七：「閱報」，卷二〇三，頁一七a～一八b。

註三八：「鄂督張飭行全省官銷時務報札」，『戊戌變法文獻彙編』，冊四，頁五四七～八。

註三九：張之洞，「妥議科舉新章摺」，『張集』，卷四八，頁三a～四a。。

註四〇：同上註，頁四b～六a。

註四一：「酌擬變通武科新章摺」，同上引書，卷四八，頁一八a～一九b。。

註四二：小林武，前引文，頁八二五～六。

註四三：孫廣德，前引書，頁一三三～六。

註四四：「正權」，卷二〇二，頁二三a～b。

註四五：同上註，頁二六b。

註四六：D. H. Bays, op. cit., p.44。

註四七：張之洞，「致江寧劉制台、廣州陶制台、德撫台、濟南袁撫台、安慶王撫台、蘇州聶撫台、上海盛大臣」，『張集』，卷一七一，頁三七b～三八a。

註四八：M. C. Wright, *The Last Stand of Chinese Conservatism: The T'ung-Chih Restortion 1862-74* (Stanford: Stanford University Press, 1957), p. IX。

註四九：楊肅獻，前引書，頁二四一。

註五〇：不過其中許多人（如王先謙）與梁啓超等人無疑有現實利益的糾葛，在論斷此一問題時應也列入考慮，參閱陳鍪，前引文，頁七九～八〇；林能士，前引書，頁二四。

註五一：王先謙，「光緒五年九月二十八日翰林院侍讀王先謙奏摺」，『洋務運動文獻彙編』，冊一，頁一九二、一九六～八。

註五二：林能士，前引書，頁二九。

註五三：王先謙，「復黃性田舍人」，『虛受堂書札』（台北，文海出版社，民國六十年影印本），卷一，頁六四b。

註五四：「與俞中丞」，同上引書，卷二，頁一三a。

註五五：王先謙，「西被考略序」，『虛受堂文集』（台北，文海出版社，民國六十年影印本），卷六，頁四一a。

註五六：王先謙，「復黃性田舍人」，『虛受堂書札』，卷二，頁六五b。

註五七：這個問題在本文第四章第二節和結論中有所討論，可以參看。

註五八：葉德輝，「讀西學書法書後」，『翼教』，卷四，頁六四a。

註五九：葉德輝，「非幼學通義」，『翼教』，卷四，頁七九a～b。

註六〇：文悌，「文仲恭侍御嚴參康有爲摺」，『翼教』，卷二，頁八b。

註六一：蘇輿，「翼教叢編序」，頁二b。

註六二：參閱侯外廬主編，『中國近代哲學史』（北京，人民出版社，一九七八年版），頁二三二。

註六三：參閱楊肅獻，前引書，頁二四一。

第三節　張之洞「中體西用」思想評析

由前面的討論中，可以知道在「教學體制」下正途出身的張之洞最遲在光緒元年（一八七五）的「輶軒語」中已表現出通經致用的經世思想，而後在出任山西巡撫之後對「洋務」有所認識，因此在任內便欲設立洋務局，其「中體西用」思想也逐漸浮現。而其設立洋務局的計劃，旋因調任兩廣總督而未果。在兩廣期間，由於親身的體驗，張之洞積極推展以強兵為主體的洋務。同時，在山西巡撫任內便已認知「中外交涉事宜」的重點是在「商務」的張氏，至遲在光緒十四年（一八八八）便開始籌劃在轄區內推動新式的工商建設（註一），在湖廣總督任內，更積極推動有關富國的新式工商業建設（註二）。而後在湖南「新政」運動期間，他本來與梁啓超等人相處尚稱融洽（註三），不過在新政運動越演越烈之時，他發表「勸學篇」，並施加壓力，成為「維新運動」的一股逆流（註四），因此被認為「狡猾官僚，兩面派人物」（註五）。在戊戌政變以後，其「中體西用」理論遭到打擊，尤其是在拳亂期間（註六），他明哲保身地把改革主張隱藏起來，而觀察朝局的動向（註七）。在八國聯軍攻進北京，慈禧、光緒西狩以後，張之洞再度提出「中體西用」的主張，並強調「變法」必「重西」（註八），其主要的主張在「江楚會奏三摺」中清楚地表達出來，而張氏也成為庚子以後所謂「保守改革」的主要領導者（註九）。

從這個流程中，在外觀上張之洞對學習「西法」的態度似乎有所轉變，在此將檢視其中的幾個轉捩點，並從張氏思想的基底來觀察其中是否有不變性。

在「輶軒語」中的張氏思想，乃是一種典型儒家「通經致用」思想的展現，而後在山西巡撫任內，當其籌劃設立「洋務局」時，基本上可視爲其思想由「通經致用」到「中體西用」的過渡，並且意識到「商務」是「中外交涉事宜」的重點（註一〇）。而後在兩廣總督任內，初期由於必須面對中法戰爭，故其注意力著重在軍事方面，但最遲在光緒十四年（一八八八），已準備著手推動有關新式工商業的建設（註一一），其後在湖廣總督任內，極力講求農、工、商、礦、鐵路等事業（註一二），而在戊戌政變前發表的「勸學篇」，則被視爲從同情康梁變法轉向到批判康梁變法（註一三）。在經歷百日維新和拳亂期間的打擊後，張之洞成爲庚子（一九〇〇）以後改革運動的主要代言人（註一四）。而其主要主張的「江楚會奏三摺」中，所謂的中法，前人多有論及，而由於「誤於弊去太甚之言，怵於諸事更張之謗」，而未具體實行（註一五），所謂的西法「大率皆三十年已經奉旨陸續擧辦者」（註一六）。總之他只是綜合前人的改革主張而加以系統化，不過，這些變革的規模可視爲張之洞「中體西用」思想付諸實現的結果（註一七）。

在清代「體制教學」的脈絡中，儒家的經世思想不抵觸「體制教學」的價値觀，並在「體制教學」所欲達成的社會化目的——恭順倫理——的籠罩下運作，此種在既有體制下經世的理念，對於晚清的「中體西用」論而言，基本上是吻合的。而這樣的看法對與其說是思想家，無寧是官僚的張之洞而言，更是頗爲合適（註一八）。因此，如同前面所提出的，張之洞的「實用主義」在體制內運作，必須是在「正統主義」的容許範圍內，也就是在「正統主義」下運作的「實用主義」。

在山西巡撫任內受李提摩太的影響，張之洞對西學有了相當程度的瞭解，在籌劃設立「洋務局」之時，其「實用主義」與洋務思想似也有所結合，因此他提出「經國以自強為本，自強以儲才為先」，而「洋務最為當務之急」（註一九）。移督兩廣以後，由於廣東處於中西接觸的要衝，商務夷務均得風氣之先，加上中法戰爭的親身體驗，使他引進西方科學技術的意向更為增強，從而積極展開他的洋務事業，在移督湖廣以後，他繼續在兩廣未完成的洋務建設，並擴大其範圍（註二〇）。此一期間，在外觀上「實用主義」十分昂揚，而「正統主義」較為隱晦，此乃因此時其所推動的洋務運動並未與其「正統主義」衝突之故。而後在戊戌（一八九八）年春天，由於康梁等人推動的變法、新政和學說，已對其「正統主義」構成挑戰，乃出現外觀上的思想態度轉變（內在則一致），壓抑超過其「正統主義」所能容忍的改革，並提出其「中體西用」思想體系代表作——「勸學篇」——也彰顯了甲午戰後「中體西用」的二元特性：一面成為引進西用的理論基礎，另一面則與進一步引進西方政教的變法派對抗。至於在庚子（一九〇〇）拳亂期間的反改革潮流中，他則發揮官僚的本色，明哲保身，俟極端保守勢力被排除後，基於「正統主義」下運作的「實用主義」提出以「中體西用」思想為基礎的「江楚會奏三摺」。

【註釋】

註　一　：此點可由張氏推動織布紡織局看出，參閱張之洞「致天津李中堂」，『張集』，卷一三一，頁一六a～b，及同書，「擬設織布局摺」，卷二六，頁六b～七a。

註二：參閱汪榮祖，前引書，頁九〇。

註三：參閱林能士，前引書，頁一一六。

註四：同上註，頁一二〇。

註五：湯志鈞，『戊戌變法人物傳稿』（台北，文海出版社，民國六十五年影印本），頁二五一。

註六：蕭公權著，楊肅獻譯，『翁同龢與戊戌維新』，頁一三六。

註七：楊肅獻，前引書，頁二一八。

註八：張之洞，「致安慶王撫台」，『張集』，卷一七〇，頁三四；參閱楊肅獻，前引書，頁二二一～二〇。

註九：蕭公權著，楊肅獻譯，前引書，頁一三六；J. K. Fairbank & S. Y. Teng, *China's Response to the West*, Ch. XX。

註一〇：張之洞，「延訪洋務人才啓」，『張集』，卷八九，頁二四a～b。

註一一：楊肅獻認為，在張之洞離開廣東之前，他的洋務事業集中在國防外交等強兵事業，一直到他離開廣東的前夕，他才在「強兵」之外開始重視「富國」的重要性，他的傳統改革方式此後完全被洋務思想所取代，楊肅獻，前引書，頁一六三。就既成的成果來看，此一看法大致上可以肯定，不過就思想而言，就頗值得商榷，因為山西巡撫任內，張氏已注意到「織機」、「農機」，而在光緒十四年張氏已積極籌設織布局，至於他離開兩廣則是在光緒十五年底之事，參閱許同莘，前引書，頁六五。

註一二：參閱劉吉原，前引書，頁九二～三。

註一三：楊肅獻，前引書，頁一八〇。在處理此一問題時必須理解，在所謂戊戌變法之前和其間，以翁同龢及其他溫和派努力要以「中體西用」爲基礎設計改革計劃來取代康有爲的變法政策，Teng & Fairbank, op. cit., p. 164。而康有爲等人在初期也並未掌握全局，這可從兩道意見差異的詔書中看出，見陳寶琛等纂修，『大清德宗景皇帝實錄』（台北，華文書局，民國五十二年影印本），卷四一六，頁十五b；卷四二五，頁一三，因此認爲「勸學篇」具有一方面批駁康有爲的變法論，一方面提出「中體西用」的溫和改良論，是可以接受的。參閱蕭公權著，楊肅獻譯，前引書，頁二二、九五～六。

註一四：蕭公權著，楊肅獻譯，前引書，頁一三九。

註一五：張之洞，「遵旨籌議變法謹擬整頓中法十二條摺」，『張集』，卷五三，頁三二b。

註一六：「遵旨籌議變法謹擬采用西法十一條摺」，同上引書，卷五四，頁三二b。

註一七：參閱楊肅獻，前引書，頁二二六。而張之洞的「江楚會奏三摺」仍屬「中體西用」思想格局，乃其原來主張的開展。參閱陳旭麓，前引文，頁五五。

註一八：連有意爲張之洞辯護的溝口雄三也承認：縱使張之洞個人有更豐富的倫理涵養，其「中學」所根據的「綱常義理」無疑包括於「恭順倫理」中，而就其易於對體制恭順而言，吾人也不擬否定其具有所謂體制御用物的一面。溝口雄三，前引文，頁一四三。

註一九：張之洞，「延訪洋務人才啓」，『張集』，卷八九，頁二四a～b。

註二〇：參閱劉吉原，前引書，頁九一～三。

第四章　晚清「中體西用」思想之評估

在第二、第三兩章中，已經探討了自馮桂芬以降至張之洞的「中體西用」思想，在此擬接著討論他們的思想在中國近代史（尤其是近代思想史上）的地位。而在從事此一探討之前，擬先簡單討論與「中體西用」在時序上、理論結構上十分相近的日本「東道西藝」思想，這對評價「中體西用」思想將有參考的價值。在另一方面則對「中體西用」的理論本身加以檢討，這是研究「中體西用」思想不能逃避的責任，當然這主要乃在探討「應然」層面的問題。

第一節　「東洋道德、西洋藝術」論

在此對日本「東道西藝」思想的討論，主要乃是以植手通有的『日本近代思想的形成』（註一）、許介鱗的「日本與中國初期立憲思想的比較研究」、閔斗基的「中體西用論考」、野村浩一的『近代中國的政治與思想』和森島的『爲什麼日本會成功：西洋技術與日本民族精神』（註二）等論著爲基礎，簡略地探討佐久間象山的「東道西藝」論，並粗略地與晚清「中體西用」思想作一對照。

佐久間原本是一個「程朱純粹之學」的擁護者，矢志排除「異學」而「再興」「衰微」的「正學」，關於他的朱子學思想有兩個特點，一個是對「經世濟民」的強調，另一個則是重視朱子學「格物致知」的理論，他認爲「爲學之要在格物窮理」，並主張「人倫日用未有外於物理者」，而以中國鴉片戰爭的衝擊爲契機，使他開始注意「蘭學」（註三）。在天保十三年（一八四二），佐久間提出與魏源『海國圖志』中「籌海篇」相似性質的「海防八論」，同樣站在「攘夷」的立場，講吸收「洋夷」的軍事技術的「海防論」。而在「黑船來航」事件時，他已經領悟到「攘夷」是不可能的，其「海防論」的內容也轉移到要導入技術文明部分，並限定只輸入西洋近代文明中的軍備、技術、產業等的物質文明，而形成「東道西藝」論思想，並由原來的非開國論轉變成開國延期論，更甚而變成開國論。而其「東道西藝」一方面是以程朱的「格物窮理」來解釋西方的自然科學的理論，另一方面則是保存維持階層秩序的「道德仁義孝悌忠信」的教說（註四）。

象山以爲「宇宙中實理無二，斯理之所在，天地無能異此，鬼神無能異此，百世聖人亦無能異此，近來西洋所發明的許多學術，要皆實理」，而「足以資吾之聖學（孔孟之道）」（註五），與「中體西用」論者引進西用以衞中體的意味根本上是相同的。

而一般學者認爲：在日本「天理」因爲轉換爲世界萬國的「公理」，遂成爲開國論的基礎，相反地，在中國「天理」却未能徹底與現存社會體制、社會秩序在本質上作內在分離，故當時因曾國藩等桐城派而得復活一時的宋學反而極具反動色彩（註六）。不過誠如本文在討論薛福成「中體西用」思想所提的，薛氏也是以西法爲天下之「公理」而主張加以接受。就薛福成「中體西用」思想中，將「公理」說作爲接受西用的理由而言，與佐久間象山的態度頗爲相類（註七）。

不過，薛福成的「公理」說終究是晚淸「中體西用」論的異數，不可因此將之視爲「中體西用」思想的普遍理論。所以，就「公理」說而言，仍可視爲「中體西用」論與「東道西藝」論的一個歧異點。

而許介鱗在分析「東道西藝」論與「中體西用」論的差異時，頗有獨到之處。他認爲兩者之間在內容上雖有相關，但是前者含有主動的契機，而後者則是被動的，此一差異和後來的實踐性有不可分的關係。佐久間因爲鴉片戰爭的衝擊而開始學習蘭學，並研讀西方的兵書，自己鑄造大礮並試射，可是同時的魏源在『海國圖志』中雖有類似的主張，却沒有親身付諸實踐。他並擧吉田松陰等人甘冒國禁，計劃密航出國學習的例子，來說明前述的差異（註八）。就此一主動與被動的差異而言，已產生實踐的積極與消極的不同，也可能產生對西器本身了解的差異。而一差異的存在與引進的西器能否生根、獨立，似乎有相當的關係。

再從理論的發展來看，象山的「東道西藝」思想，在自然認識面以「理」的普遍性觀念爲基礎，承認西洋自然科學的普遍性，而從其根柢處加以攝取；而在社會理論方面，則將既存秩序作爲「自然秩序」加以擁護，並排除西洋社會政治體制的影響，如此則能兼備西洋的實證科學技術和東洋傳統道德長處，而得以由外壓的威脅中堅守日本的獨立，擴展爲「皇國是世界第一等強國」的思想（註九），並進一步發展爲由「神國」觀念與西洋技術的結合，逐步由民族主義走向軍國主義之途（註一〇）。而與「東道西藝」論類似的「中體西用」論是否也具有此種發展的可能呢？參考日本歷史的發展，並對照王韜藉引進西器以一統世界的思想，就思想本身的發展而言，也並非沒有可能。

最後，再簡略討論一下「中體西用」論與「東道西藝」論的差異。許介鱗比較中國和日本的差異，認爲中國在接受西洋思想之時，對西方社會所蘊育的特殊西洋精神，賦予中國式的再解釋（「西學源出中國說」，「古已有之說」），以適合中國固有精神風土的形態來導入西洋精神，這種接受的方法，往往導致西洋思想原意的喪失或歪曲，而且一方面暴露華夷思想的缺陷，另一方面又不輕易放棄傳統來追求西學；日本方面，則由於新的（事物）、本來異質的東西與過去完全沒有對決，就接連被攝取進來，所以以驚人的速度得到新的事物。然而往往把歐洲的哲學思想之歷史構造性解體，或是切斷其思想史的前提，對其中的某些部份逐漸加以攝取（註一一）。對於西洋學術，象山的學術性格，是從造成西洋和東洋差別的兵器優劣、技術精粗，而轉換到造成此一差別的根本原因——學術。對他而言，西洋的學術是「格物窮理」的實學，相對的，中國的訓詁考證之學是高遠空疎的議論。在此，問題在於學問的方法，這也是國力強弱差別的根源所在。可是中國的洋務論者在屢次戰敗中，仍然沒有把這個學問的方法當作問題，他們甚至於覺得西洋的科學技術、學問的方法，在中國早就有了的，而不在根本上作徹底的檢討（註一二）。

其中象山與洋務論者之間的差異，或許是由於日本的「東道西藝」論的實踐，皆是由朱子學的「理」出發，而分化地加以接受，其彼此的關聯乃在同一理論基礎；在另一方面，除了薛福成以外的「中體西用」論者，乃是以「西學源出中國說」或「託古」思想使「中體」與「西用」有較緊密的關聯，否則「中體」與「西用」便呈現兩分之局，此一接受「西用」的理論之差異（此一差異或可視為兩個思想的基本歧異點），或許與前述的問題有一定程度的相關性。

【註釋】

註一：植手通有，『日本近代思想の形成』（東京，岩波書店，昭和四十九年版）。

註二：M. Morishima, Why has Japan "succeeded"?: Western technology and Japanese ethos (Cambridge: Cambridge University Press, 1982)。

註三：植手通有，前引書，頁三五～六。

註四：許介鱗，前引文，『國家學會雜誌』第八十四卷一、二號合刊（東京，一九七一年），頁一一～二。

註五：植手通有，前引書，頁五三；另參閱閔斗基，前引文，頁一六八。

註六：野村浩一，前引文，頁八五～六。

註七：閔斗基，前引文，頁一六七。

註八：許介鱗，前引文，『國家學會雜誌』第八十四卷一、二號合刊，頁一三～四。

註九：植手通有，前引書，頁六二；許介鱗，前引文，『國家學會雜誌』第八十三卷五、六號合刊（東京，一九七〇年），頁六一～二。

註一〇：同上註，參閱頁六二～三；M. Morishima, op. cit., p. 38.

註一一：許介鱗，前引文，『國家學會雜誌』第八四卷一、二期合刊，頁八。

註一二：同上註，頁一四。

第二節　「中體西用」理論的省察

從事思想史研究，針對時空條件探討觀念的功能固然十分重要，理論本身的討論也不可完全放棄。因此在本節中擬對「中體西用」理論本身加以探討，而在下一節則討論晚清「中體西用」思想的歷史定位。

由前面幾章的討論中，可以瞭解「中體西用」思想由於人物不同，有所差異，不過其基本理論乃希望引進西用，以防護加強中體，甚至期望藉著西用，使中體成為全世界普遍的價值。然而就歷史的條件而言，其主要的目的，無疑是著重加強、防護的層面。同時，「中體西用」論者也都強調中體的不變性，至於在用的層面則可接受西洋文化。當然這是意味著引進西洋文化止於用的層面，而非在用的層面全面接受西洋文化。雖然如此，他們也多不認為「體用」可以截然分離，而主張「體用兼賅」、「明體達用」。因此，既要強調中體的不變性，並以此為目的而引進西用，又要在理論架構上使「體用」不致截然分開，以求「體用兼賅」、「明體達用」，遂不得不以「西學源出中國說」或「古已有之說」作為媒介，使中體與西用之間產生關聯。而此一關聯使得在中體不變的前提下，既能引進西用，又能「體用兼賅」、「明體達用」。

對於前述的「中體西用」理論，在晚清思想界頗具影響力的嚴復並不同意。他認為中、西學的差異，就「如其種人之面目然，不可強謂似也」，而且「一體」有「一用」，「中學有中學之體用，西學有西學之體用」，「分之則兩立」。至於「中體西用」論就好比「以牛為體，以馬為用」，「合之則兩亡」（註一）。至於何啓與胡禮垣兩人的意見與嚴復的主張類似，認為西方本身具有富強之體用，因此也不同意「中體西用」論（註二）。雖然他們對「中體西用」理論的實用性加以批評，但似乎並沒有從根柢處瓦解「中體西用」理論的架構。因為從「中體西用」論的理論來看，早從郭嵩燾便承認西洋本身是「體用兼賅」的，其後的鄭觀應和『翼教叢編』派的王先謙也都承認此點。就此而言，他們與嚴復的認知沒有太大的差別。但是，就朱熹「體用」論的觀點來看，在某種意義上本來就承認「體」有自身的「體用」，「用」也有自身的「體用」。換句話說，承認中學有中學的體用，西學有西學的體用，並不一定會影響「中體西用」理論的成立，更何況透過「西學源出中國說」與「古已有之說」（託古），在「中體西用」論而言，已使中體與西用有了關聯。所以嚴復們的批評，並不足以使「中體西用」理論架構解體。

基本上，嚴復「以牛為體，以馬為用」的說法已經隱約地露出「文化有機論」的色彩。而可能是第一位提出「全盤西化」口號的陳序經，則清楚地以「文化有機論」的立場，認為文化是一個有機體，在中西文化的接觸中，「中體西用」的理論是不可能的（註三）。如果從「文化有機論」的觀點來檢視「中體西用」論的話，則「中體西用」論確實不可能存在。理由是一旦將文化視為一個有機體，只要在用的範疇上接受西學（包括西技），則中體也必然發生改變，不可能有體不變而用可變的狀況存在。至於殷海光則以「濡化」（acculturation）的概念，來說明文化接觸時產生的變化（註五）。認為在「中體西用」的理論運作中，中體的絕對性是不可能存在的（註六）。至於李文蓀（J. Levenson）與皮明庥等人，也對「中體西用」的理論表示懷疑。

研究中國近代思想史的李文蓀（J. Levenson）認爲「中體西用」的意味，不是在強調西方的科學勝於中國的科學，而是在強調中國的道德比西方的科學有價值（註七）。而當西學被尋求作爲「用」時，並不能如「中體西用」理論原來所要求的去輔助中學，反而會驅逐中學。他以爲：中學被視爲體，乃是因爲它本身具有功用，當西學愈被接受爲生活與力量的實用工具時，儒學亦愈將喪失其作爲「體」的地位（註八）。

中國大陸中國近代思想史研究者皮明庥則指出，儘管洋務派將「中體西用」論的體與用這兩方面焊接吻合，以求會通相成，但是保守的「體」和先進的生產技術，由於性質迥異，其間的矛盾不可調和（註九）。問題是，皮氏並沒有清楚指出其論斷的依據，也沒有辦法解釋與「中體西用」理論架構相似的日本「東道西藝」思想何以能在日本引進西方先進生產技術的過程中，扮演重要的角色。更重要的是，在理論層次，前述諸人對「中體西用」的批評，似乎並不足以解構「中體西用」論。

從曼海姆（K. Mannheim）的知識社會學觀點來看，否定一個觀念的眞値與摧毀一個觀念的實際功效是有所區別的。如果是懷疑或否定一個觀念的眞値時，仍然是將此觀念視爲「題旨」（thesis），與此觀念立於同一理論基礎之上；反過來說如果不管此觀念所斷言的是否爲眞，而只注意此觀念所履行的理論性功能，則是一種「揭露」或「揭穿」的工作，此一工作乃在摧毀此觀念的實際功效，而不是理論上的駁斥（註一〇）。本節既欲對「中體西用」理論本身加以探討，則討論「中體西用」思想的「眞値」有其一定的意義，而這也是前述諸人較欠缺的。

就晚清「中體西用」的思想來看，前面已經指出：基本上具備有兩個特質，一個是「體」不可變而「用」可變的態度，另一個則是依然要求「體用兼賅」或「明體達用」，而爲了使這兩個根本上便可能有所矛盾的特質得以共存，因此便以「西學源出中國說」或「託古」說作爲媒介，一方面減少引進西用的阻力，另一方面則使西用與中體有所關聯，使得由「體用」分離態度接受西用，結果仍能使「體用兼賅」，而不是「體用」截然二分。

在此一前提下，意欲肯定「中體西用」觀念的眞值，便必須「西學」眞的「源出中國」，或「西學」眞的在中國古代存有（至少要有西用的「理」存在），如果此一前提爲眞，基本上便可肯定「中體西用」觀念的眞值，反之，則加以否定。至於此一前提的眞假，在目前的學術研究上，已是衆所皆知的。

【註釋】

註一：嚴復「與外交報主人論教育書」，『嚴幾道詩文鈔』（台北，文海出版社，民國五十八年影印本），卷四，頁一九a。

註二：何啓、胡禮垣，「保國會第一集演說後」，于寶軒編，『皇朝蓄艾文編』（台北，學生書局，民國五十四年），卷五，頁二八a～三二a；及「勸學篇書後」，『新政眞詮』，五編，轉引自孫廣德，前引書，頁一六九～七〇。

註三：陳序經，『東西文化觀』（台北，牧童出版社，民國六十六年版），頁八六～九、二〇二。

註四：有關「文化有機論」的觀點，可以參閱 A. Bullock & O. Stallybrass ed., The Fon-

tana Dictionary of Modern Thought, 1981, p. 446.

註五：殷海光，「文化的重要概念」，夏道平等編，『殷海光先生文集』（台北，九思出版社，民國六十八年版），頁八一七～二三。

註六：殷海光，『中國文化的展望』（台北，活泉書店，民國六十八年版），頁四二四、四三六。

註七：J. Levenson, " 'History' and 'Value' : Tensions of Intellectual Choice in Modern China ", A. F. Wright ed., *Studies in Chinese Thought* (The University of Chicago Press, 1953), pp. 156～7.

註八：J. Levenson, op. cit., V.1, p. 61.

註九：皮明庥，前引文，頁六六。

註一〇：黃瑞祺，前引書，頁九一。

第三節　晚清「中體西用」思想定位

在上一節中已簡單介紹當時人物與後來研究者對晚清「中體西用」理論的檢討，並就晚清「中體西用論的眞值」加以討論。在此擬接著討論晚清「中體西用」思想之歷史定位。

曼海姆（K.Mannheim）站在其知識社會學的觀點對於從事思想的分析，覺得必須要建立思想與社會條件之間的關係，同時要確立其有效的範圍，也就是說相對於何種歷史社會條件，某種思想成為有效或正確。對曼海姆的「關聯論」（relationism）而言，並非意味著沒有眞假對錯的標準，而是認爲思想的眞假對錯（效度）並不是絕對的，乃是相對於歷史社會條件的（註一）。因此，他的「關聯論」雖是知識社會學，但是却深具歷史意識。由於此一方法深具歷史意識，注意到歷史社會條件在作思想分析上的意義，所以本節在討論晚清「中體西用」思想之歷史地位時，乃參考此一理論，並不將其視爲一個整體加以分析，而是隨著歷史社會條件的不同，而粗略地分爲兩個階段。

從中國近代史的脈絡來觀察，在「中體西用」理論提出之前，魏源的「師夷之長技以制夷」乃是主張學習「西技」的最前衛理論，而馮桂芬的「中體西用」思想則更進一步主張「采西學」，在當時至少已意味著認知在中學之外尚有西學的存在，並主張加以學習，同時由學習「西技」到「采西學」，也提提供了擴大學習西法範圍之理論上的可能性（註二），而在歷史的發展中，也說明此一可能性不僅可能，更是事實。

無論如何，早期的「中體西用」論者在當時中國的官僚和士大夫中仍占極少數，馮桂芬的『校邠廬抗議』在寫成以後，連身為曾國藩幕僚的趙烈文都認為「全書精當處，皆師夷法」（註三），而在寫成後十餘年才正式印行（註四）。至於郭嵩燾則由於對西學的見識超過時人甚多，『使西紀程』被下詔毀版，死後亦不得賜諡立傳（註五）。而李鴻章在光緒二年（一八七六）也曾透露時人「怕談、厭談」「洋務」，而認為在此情形下，他「若亦不談，天下賴何術以支持」（註六）。這說明了早期的「中體西用」思想，仍只被少數的官僚和讀書人接受。因此，它的落實對於社會風氣的轉移，當有一定程度的作用（註七）。而其思想的目的雖在於接受西學以補強「中體」，但是從中國近代史的脈絡來看，其主要的意義仍在接受「西法」。

但是在甲午戰後，「朝野乃知舊法之不足恃，於是言變法者乃紛紛」，而「天下之士咸知變法，風氣大開矣」（註八），當然從歷史的事實來看，這裏所謂的「變法」乃是泛稱，並不是特指康、梁的變法主張。雖然歷史的事實與一般所認知的——認為在甲午戰後洋務運動已經破產，而康、梁的變法主張已成為學習「西法」的主流——有所不同。然而，「中體西用」已經不再是接受「西法」的最前衛思想則是事實。這可由馮桂芬的『校邠廬抗議』被孫家鼐、翁同龢等人所重視，而希望以此來克制康、梁的激進變法主張中看出（註九）；而張之洞「勸學篇」的提出，在相當程度上，也可被視為對梁啓超等人在湖南傳播帶有「民權論」色彩之變法思想的壓抑。所以在此一時期，「中體西用」思想除了繼續具有導入西法的功能外，也有限制進一步引進超越「中體西用」格局的西法之意味——「對抗變法」，於是在近代思想史的脈絡中，「中體西用」思

甲午戰後

想便具有雙重的意義。

而從一八九〇年代的中國政治環境來觀察，「中體西用」思想是否是有效的呢？蕭公權的研究指出，在當時繼續推動一八六〇年代「自強運動」以來的改革路線，比起推行康有為的計劃要容易的多，而「中體西用」思想在理論上具有與一八九〇年代政治情況相配合的便利（註一〇）。這從主要掌權者慈禧太后的意見來觀察，似乎是可以同意的。自從辛酉（一八六一）政變以後，慈禧太后在中國政治的決策上，擁有很大的控制權，整個洋務運動的推動如果沒有她的同意與支持，少數洋務派官僚與「中體西用」論者的主張，根本上是無法展開的。甚至能否克服反對的言論，都是一大問題（註一一）。當慈禧太后閱覽『校邠廬抗議』時，「亦稱其剴切」，而只是強調「毋操之過蹙而已」（註一二），正說明她基本上可接受「中體西用」論的改革理論。在另一方面這樣的改革理論，也是當時翁同龢、張之洞、孫家鼐們所贊成的，因此在理論上，可以得到他們和類似『翼教叢編』派「中體西用」論者的支持。

在庚子（一九〇〇）以後清廷改革中可以看出「中體西用」思想改革計劃的實踐，至於這樣改革對當時的中國而言，究竟有多少效益，則仍然是一個尚待檢討的問題。從類似柏克（E. Burke）和巴柏（K. Popper）的觀念來看（註一三），則對此種改革應是可以接受的，不過從革命派的角度來看，則可得到相反的意見。

另外，康、梁等變法派在學習西方的問題上，和洋務派（「中體西用」論者）有一定的聯繫，他們在對立中又存在銜接（註一四），梁啓超便指出，「若魏默深（源）、郭筠仙（嵩燾）、曾劼剛（紀澤）諸先生，爲中土言西學者所自出焉」（註一五）。同時，他們早期藉以接觸、得到關於西學的知識，大都正是來自洋務派人物主持翻譯出版的書籍。從這個意義上說，「中體西用」思想可以視爲他們思想啓蒙的一個原因（註一六）。

總而言之，從整個中國近代思想史的脈絡來看，早期的「中體西用」思想上承魏源「師夷之長技以制夷」思想，下啓康、梁的變法派思想，而與早期「中體西用」思想一脈相承的晚期「中體西用」思想則又和康、梁等變法派思想在「中體」的絕對性上有所衝突，是可以確定的。

【註釋】

註一：黃瑞祺，前引書，頁一二七、一二九。

註二：參閱孫廣德，『晚清傳統與西化的爭論』，頁一七一～二。

註三：趙烈文，『能靜居日記』（台北，學生書局，民國五十三年版），頁一一二五。

註四：參閱陳孟忠，前引書，頁二九。

註五：郭廷以等編，『郭譜』，頁六六六，一〇〇九。

註六：李鴻章，「覆劉仲良中丞」，『朋僚函稿』，卷一六，頁三b。

註七：參閱湯其學，前引文，頁六八。

註八：梁啓超，『戊戌政變記』（台北，中華書局，民國五十八年版），頁二二一。

註九：參閱蕭公權著，楊肅獻譯，『翁同龢與戊戌維新』，頁一三六。

註一〇：同上註，頁一二五。

註一一：此一觀念李定一師在中美關係史課堂上曾一再強調。

註一二：費行簡，『慈禧傳信錄』，引自『戊戌變法文獻彙編』，冊一，頁四六四。

註一三：柏克的改革理論可參閱江金太，『歷史與政治』（台北，桂冠圖書公司，民國七十年版），pp. 133-206, 293-302，至於巴柏的思想，可參閱 Karl Popper 著，李豐斌譯，『歷史定論主義的窮困』（台北，聯經公司，民國七十年版），頁四七。

註一四：皮明庥，前引文，頁六五。

註一五：梁啓超，「南學會敍」，『戊戌變法文獻彙編』，冊四，頁四二二。

註一六：梁啓超，「康有爲傳」、「三十自述」，同上引書，頁九、四四。

結論

在鴉片戰爭失敗的歷史背景下，魏源在『海國圖志』一書中率先提出「師夷之長技以制夷」的主張，包含洋務的改革思想發端。魏源的主張明確地宣示：基於應付西方列強船堅礮利的需要，必須要承認西方長技的存在，並加以引進。不過，此一思想當時並未發生實際的效用，也未受到時人的重視。而以第二次鴉片戰爭與太平天國之亂爲契機，曾國藩、李鴻章諸人開始推動洋務運動，馮桂芬的『校邠廬抗議』也在幾乎同時大致整理完成。雖然，他們大致上都同意魏源學習西方長技的見解，但是卻已經認識到西技背後西學的存在，並主張引進。於是，「中體西用」正式登上中國思想史的舞台，以它爲主要理論根據的洋務運動在中國近代史上也扮演非常重要的角色。從此，「中體西用」思想雖然因時序不同展現不同的面貌，卻始終是中國接受西方文化的主要理論之一。

「中體西用」思想乃是主張在中體不變的前提下，在用的範疇，也止於用的範疇中接受西學（結論所指稱的西學，除非文脈中有否定的表示，否則皆包括西技）。此一思考型態，表現了「體不變而用可變」的意味。它固然是在西力東漸的歷史環境中成形，但是，其思考模式在明清思想史脈絡中，是有根源可尋的，而不是新產生的思考型態：明清「體制教學」——官定朱子學——中「理」的絕對性思考方式，便是一方面肯定了理＝道＝體三綱五倫之「恭順倫理」的絕對性與恒常性，一方面則蘊涵了氣‖器‖用的可變性。從中國近代思想史的脈絡來看，當面對西力的衝擊，意識到有必要採取西方文化來補強既有體制時，晚清「中體西用」論者在其熟知且相信的「體制教學」系統中，主動攝取可以支持此一行動的體不變的思考型態，作爲其主張的依據。因此，既因時空環境的需要而主張在用的範疇接受西學，而仍然肯定官定朱子學思想的社會秩序、規範與「聖人之道」，乃以既存體制下的中體之不變與補強爲前提，主張採用西學。

「中體西用」思考的基本型態是體不變而用可變，不過此一思考型態並未賦予體與用僵化不變的範疇，而是具有相當彈性。以採用西學的內涵來觀察，可以發現：馮桂芬與洋務運動初期的曾國藩、李鴻章們主張採用西學的重點，多是與船堅礮利有密切關係的自然科學，如算學、格致學……等，屬於器用層面。隨後由於認識到船堅礮利並非西方富強的唯一因素，工商業以及法律制度和政治制度也是西方得以富強的重要原因，鄭觀應等人便主張更廣泛地採用西學，從算學、格致學等自然科學的學習，擴及於商學、法學等學科及政制層面。由前述引進西學內容的差異，蘊涵著西用範疇的差異，相對地，中體範疇也有所變動。

馮桂芬在『校邠廬抗議』一書中，提出「以中國倫常名教爲原本，輔以諸國富強之術」，明確地主張「采西學」，勾勒出晚清「中體西用」思想的雛型。基於軍事上的需要，他主張引進西方列強的「船堅礮利」，以及「船堅礮利」背後製造器具的原理與方法（西學）。不僅如此，他也主張引進「可資以治生」和「有益於國計民生」的西學。因此，他思想中西用的範疇是以器用層面的自然科學。相對於西用的範疇，他思想中的中體範疇似仍保有政制與中學核心的「恭順倫理」。不過，制度在馮桂芬「中體西用」思想中的角色多少是「模糊不清」的，在中國近代思想史脈絡中，也是深具發展性的。因爲，馮桂芬雖是透過西方的長處而認識到中國的不足，而除了有限的技術領域以外，它不是模仿西方的。然而，他在施政方法上既已承認西方列國的長處，而主張以「反求」——以「三代聖人之法」——爲宗旨來改良，在「西學源出中國說」成形以後，以它爲媒介，便可作爲引進法、政諸西學的理論依據；不僅如此，如果「三代聖人之法」與西政密切關連被視爲晚清「變法論」成立的關鍵，則馮氏的思想再進一步，便可能跨進晚清「變法論」的境界。

制度在馮桂芬「中體西用」思想中角色的「模糊不清」，在某種程度上正意味著制度在中體與西用之間的游離特性。其後洋務派主流的「中體西用」論者與非洋務派主流的「中體西用」論者雖多主張西方制度的引進，不過所欲引進西方制度是否牽涉到根本政治制度（如議院），無疑是彼此重要歧異點所在。洋務派主流的「中體西用」論者們（早死的曾國藩除外）或多或少都同意引進西方的制度，然而只是有限的行政重組及採用西法以增補中國的結構，中體與西用之間並沒有嚴重的「緊張」關係。相對地，非洋務派主流的「中體西用」論者（時序較早的王韜除外）則多明白地提出設立議會，而此一主張則蘊涵著中體與西用之間的「緊張」關係及矛盾。雖然，在有意無意之間，他們強調議院可促使上下一致的團結，而不考慮「不一致」與「制衡」是西方議會制度的基礎。但是，鄭觀應與陳熾所欲設置的議院，旣使人民代表或多或少分享政權，又使議院得以對行政官僚（甚至皇權）有一定程度的抗衡力量，而若因此發生彼此對立，便蘊涵著「

制度危機」的可能。此一可能不僅是理論上如此，在清末立憲派的實際運作中，也證實了此一可能。對「中體西用」論而言，中體核心的「恭順倫理」之確保，是其成立的重要前提。一旦臣民對君主的臣服關係面臨挑戰，無異意味著「中體西用」理論也面臨考驗。而前述「制度危機」可能的存在，也正說明了議會制度的引進，蘊涵的中體與西用的「緊張」。

從洋務派主流的系譜來看，曾國藩所推展的洋務主要是製器、學技、操兵和派遣留學生四項，其著眼點似環繞強兵的目標。李鴻章同治初年所欲引進的西用，與曾國藩相近，也是以強兵為中心推展的，而後基於強兵的需要逐漸注意到富國。至遲到同治十三年（一八七四），李鴻章已明白地提出：除了「軍器製作之原」之外，在「有切於民生日用」需要上，也可引進西學。至此，洋務派主流的李鴻章所欲引進的西用範疇已明顯納入馮桂芬「船堅礮利」與「可資以治生」和「有益於國計民生」的主張。李鴻章從一八七〇年代初期起，既已主張學西法以求富，商務建設在其西用範疇中便扮演重要角色：由最早的軍事層面的練兵、武器、工業，而後及於藉政府力量創辦的輪、礦、路、電四大政（當然也有富國的意味）及一些民生工業的所謂「官督商辦」企業。當然，他也主張部份制度層面的西用，但是，李鴻章的中體雖隨著西用的擴大而縮小，最後應還包括綱常名教之「恭順倫理」以及根本政治體制。

與曾、李關係密切，而在洋務運動中較不具實踐力的郭嵩燾，對「中體西用」理論而言，則有特殊的地位：首先他承認西洋立國自有本末；並強調內政才是「本」，仿行西法則是「末」；最後則是將引進西用的主導力量置於民間而不是官方。因此，一方面固然蘊涵著使西用的引進得以普遍化與發展出改革制度的可能；另一方面則可能使學習西方技術的順位在現實上移到較不重要之處。無論如何，他著重民間引進西用以求利的觀點究竟開一八七〇年代出現的「洋務論」中的「富民」思想之先河，而馬建忠的「富民說」則是此一思想的代表作。雖然「富民」思想是馬氏主張的特色，不過他的富民見解較諸薛福成則似乎不夠深入。

薛福成在出使以前西用範疇的引進也是由強兵的需要而注意到富國的，而在出使以後，則富國有取得優位的趨勢。他雖積極主張採用西法以求富，但卻比馬建忠更瞭解到：由民間以機器生產，會有「利歸富商」的現象。同時，他也以肯定人欲的態度來推展商業，此與「中體西用」思想肯定「理」的前提有明顯的衝突，不過對此矛盾，薛福成並未有意識地加以處理。而就「中體西用」的理論而言，薛氏以西法為「公共之理」而主張加以學習的「公理」說，卻有其獨到之處。

從一八六〇年代「中體西用」思想成立後，洋務派主流的思想是最具有支配力的主導，直到一八七〇年代末非洋務派主流的「中體西用」思想才開始抬頭，而到甲午戰後才告大盛，隱然與洋務派主流的「中體西用」論共同成為晚清「中體西用」思想的兩大流派。非洋務派主流的「中體西用」論者雖然都同意洋務派主流的觀點，主張引進軍事層面的各種西用，但大致上也與「洋務論」的「富民」思想一樣，將富國的優位置於強兵之前，而且十分著重民間力量在此所扮演的角色。同時，對於洋務派主流改革科舉的主張，也有進一步的發展，尤其是時序較晚的湯震、陳熾、鄭觀應們對設立學校推廣西學都十分重視，鄭觀應更認為應考慮廢止科舉，並優先自學校選材。

馮桂芬在「制洋器議」中便提出採用西器的主要目的，是用來「攘之（夷）」，此一見解的產生可置於「中體西用」思想產生的外緣因素來理解。洋務派主流的薛福成在『籌洋芻議』中則更賦予「中體西用」思想主動的意義：採西學的目的固然是為了「衞吾堯舜禹湯文武周孔之道」，更可使聖人之道「被乎八荒，是謂用夏變夷」，而表露出晚清「中體西用」思想走向文化帝國主義的可能。至於派兵船「護僑」的行動，頗富十九世紀西方列強行動方式的色彩（註一）。非洋務派主流的王韜的此一取向更是明顯，他以為世界有歸於大同之勢，中國必須輸入西用，以作為將世界混而為一的手段，而出自中國的聖人，也可把中體核心的「三綱五倫」向世界推廣，流露出帝國主義的意味。與晚清「中體西用」理論頗為類似的日本「東道西藝」（包括其後的「和魂洋才」）思想在日本落實的結果相較，前述的說法也可得到佐證。

「中體西用」理論雖以官定朱子學體不變而用可變的思考型態為理論來源，但是就「體用」論而言，「體用兼賅」仍是理想的目標，而且一旦體用截分，對體的落實也會造成一定程度的傷害。非洋務派主流的「中體西用」論者，自王韜到鄭觀應、湯震、陳熾都表現出「西學源出中國說」的色彩（當然，薛福成在出使以後，也有此主張），使西用與中體發生關聯。如此，中體與西用便不若早期洋務派主流思想中的分離狀況，而是「體用兼賅」。而鄭觀應更以類似朱熹的體有自身之體用，用也有自身之體用的觀念來補強「中體西用」論；亦即在「分而言之」時承認西學「具有本末」，而「合而言之」時，仍有一「大本末」——「中學為本，西學為末」。

就理論上而言，鄭觀應除了未主張「公理」說外，已將「西洋立國自有本末」、「體用兼賅」、「道不變而器可變」、「西學源出中國說」諸種觀念組合成其「中體西用」論，化解了早先「中體西用」論的兩個難題——西洋立國自有本末與體、用的分離——，而在引進西用的範疇方面，他的主張也已到達「中體西用」理論所能容忍的極限。所以，就理論上「西學源出中國說」若進一步發展到西政與三代聖人之法等同，就跨入晚清「變法論」的境界；而在引進西用的範疇上，若議會更明顯地分享到政權，無論是否發展出十九世紀自由主義式的議會政治（議會主權），一旦涉及不支持皇帝的決心，乃至於與之對抗，便抵觸了三綱五倫之「恭順倫理」，也造成「中體西用」格局的突破。因此，無論是理論或是引進西用的範疇，鄭觀應皆可被視為集大成的代表，與發展的極限。

相對地，被一般人視為「中體西用」理論代表人物的張之洞，基本上則是沿續前期洋務派主流「中體西用」論的基調，在理論上既沒有特殊新的開展，在西用範疇上甚至從非洋務派主流「中體西用」論者鄭觀應們的主張退卻，將帶有西方民權思想意味的議會排除在外。

不論是洋務派主流或非洋務派主流的「中體西用」思想，其理論的基底皆是「體不變而用可變」，而希望引進西用來防衛、補強中體，甚至於更進一步期望以西用為手段，使中體進一步成為世界的公理。在這樣的基礎上，縱使中體退縮到核心的倫理道德層面——「恭順倫理」的「綱常名教」，由於其本身乃是行為的標準，並具有優位性，故實際上限制了制度改革的範圍。因為縱使制度是否有意識地被從體的範疇中解放出來，作為政治、社會制度運作原則的「恭順倫理」

優位性既被肯定，在「恭順倫理」不變的前提下，體制的根本變革乃是邏輯上的不可能。而此一不可能，不僅限制了西用的引進，在甲午戰後也影響了晚清「中體西用」思想的歷史定位。

早期的「中體西用」思想（甲午戰前）的特質，乃在於提供接受西學的理論支持。而在甲午戰後，由於康、梁「變法論」的崛起，與西方民權思想爲部份讀書人所提倡，「中體西用」思想已不再是接受西學的最前衛理論。雖然，非洋務派主流的「中體西用」思想也在此時大興，與洋務派主流的「中體西用」思想隱然互相抗禮，但仍然不主張引進抵觸「恭順倫理」的民權思想。因此，「中體西用」思想雖然仍具有引進西用的功能，相對地，也有一定程度抵制進一步引進可能抵觸中體的西用之意味。而在現實的政治舞台上，「中體西用」思想的二元特性就十分明顯了，無論是孫家鼐、翁同龢等人重視『校邠廬抗議』，或是張之洞的「勸學篇」主張，固然是提供接受西學的理論，也是企圖壓制激烈地引進西用的思想。因此，一樣的「中體西用」思想在不同的歷史時空中，有著不一樣的意義，其評價自也有所不同。

其次，再從理論本身來省察「中體西用」思想。由於「中體西用」思想實際上是根據「體不變而用可變」的結構來接受西學，因此當「中體西用」論者期望達成「體用」論理想的「體用兼賅」，以及減少引進西用的阻力時，乃多以「西學源出中國說」或是託古的中國「古已有之」觀念作爲媒介，使中體與西用之間產生關聯，增強理論架構的完整性。問題是：一旦「西學源出中國說」或「古已有之」觀念缺乏事實的支持而喪失媒介的功能，「中體西用」思想架構的完整性便面臨崩解的危機，而其思想的「眞値」也便面臨否定的命運。

不過，理論本身的問題並不能否定理論的「實際功效」。在本文討論的時限內，甚至迄滿清覆亡爲止，「中體西用」論者所提供接受西用或改革的藍圖，依然有待進一步的實施——此即意味著，它仍具有引進西用的功用。從自強運動開始，「中體西用」思想的落實已在中國近代史留下不可磨滅的影響，洋務派推動的軍事和新式工商業建設，雖然問題甚多，評價也有爭議，但在中國近代軍事及工商業發展上，總是創業維艱地留下了一些成果（註二）。一般認爲晚清「中體西用」思想中最具有後繼影響力，而又得到正面肯定的，是教育制度方面的建設。鄭觀應、陳熾、湯震和張之洞等人的思想中，教育主張佔有相當的份量；而「奏定學堂章程」與廢除科舉推行新式教育，「中體西用」論者更是功不多讓（註三）。中國新式教育的基礎與規模，無論是理論指導或是落實實踐，是他們所奠定的。

【註釋】

註一：此一論點可參考藤村道生，『日清戰爭—東アジア近代史の轉換點—』，東京，岩波書店，一九七三年。

註二：參閱牟安世，前引書，頁一九七、二一五。

註三：劉吉原，前引書，頁二八五。

附錄

「中體西用」理論能開出自由民主嗎？

一九八一年劍橋大學出版了日本學者森島道雄（Michio Morishima）的著作《爲什麼日本會成功：西洋技術與日本民族精神》（Why has Japan 'succeeded'?：Western technology and the Japanese ethos）。乍看之下，立即浮起了與中國「中體西用」理論相類的日本「和魂洋才」思想，而直覺地懷疑：爲什麼相類的理論，在日本有明治維新的成功，而在中國則有近代化的挫折呢？不過，此種直覺基本上是相當浮面的，因爲缺乏進一步的思索：究竟「和魂洋才」在日本是哪一種成功；而此一成功和吾人所肯定的基於人民主權的自由民主之間，又有何種關聯？這樣思索對同意「一切歷史都是現代史」理念的歷史工作者而言，是理所當然的。

另一方面，部份歷史學家重新考察日本明治維新的歷史以後，也由於肯定「和魂洋才」（或「東道西藝」）的理論，而賦予「中體西用」相當正面的評價，如戴國煇教授在《當代》第六期發表的〈儒家思想與日本的近代化〉一文，即是近例。在此學術氣氛下，由思考日本明治維新成功的走向，進而思考「中體西用」思想與自由、民主的關聯，就更具有濃厚的時代意義了。

明治維新埋下軍國主義的因子

從森島道雄與另一位日本學者植手通有（《日本近代思想の形成》）的研究成果來看，一般視之爲成功的明治維新，理論上，已經埋下了日本軍國主義產生的因子。明治維新的重要理論根源「和魂洋才」（或「東道西藝」）根本上將既存的社會、政治、秩序視爲「自然秩序」（也就是朱子學的「理」），而排除西方近代的社會、政治制度，希望在既存的社會、政治秩序下引進西方的實證科學技術，進而兼具西方的近代科技與東洋傳統道德的長處。在西方列強的外力威脅下使日本得以堅守獨立，進而發展出「皇國（日本）是世界第一等強國」的思想；而由「神國」觀念與西洋技術的結合，逐步由民族主義走向軍國主義。

此一研究成果與吾人所熟知的日本近代史實——明治維新日本帝國主義的出現；與戰後視爲軍國主義生長的溫牀的「明治憲法」——互相對照之下，所謂日本明治維新的成功，究竟屬哪一種面目，也就昭然若揭了。此一與吾人所持之自由、民主理念全然背離的歷史發展，又豈能不保留地輕易給予正面評價呢!?

晚清「中體西用」的特質

揭穿日本明治維新成功的神話之後，再來省察中國「中體西用」思想時，既祛除了所謂「成功」的歷史包袱，也就更可以坦然地面對此一思想的眞面目，以及和自由民主的關係。

誠如衆所周知的，「中體西用」是「中學爲體，西學爲用」的省略語與通稱。但是「中體」究竟是什麼?「中體」與「西用」兩個貌似風馬牛不相及的範疇，又如何合組成一個理論?而這個理論對西方自由、民主制度的引進，所能容忍的界限又在那裏？

首先就「體用」思考架構加以討論。本來在朱子學的脈絡中，「體」與「道」或者「理」具有一定程度的相通性；相對地，「用」與「器」或者「氣」則在另一個層次內。從官定朱子學的脈絡來考察，「體」、「道」、「理」則具有恒常性、不變性，而被視爲根本。至於「用」、「器」、「氣」則相對地具有可變性與流通性，而被視爲從屬的。

從「中體西用」的思想脈絡來看，「中體」視爲恒常不變的，是根本；「西用」則是在「中體」不變的前提下，可以引進來輔助、加強或是防衞「中體」。這個理論的特質對官定朱子學的理論而言，是可以理解的，置於中國近代史的時空條件下，則是以「歷史事實」的面貌出現。

至於「中體」與「西用」以「體用論」思想架構關聯起來，在晚清「中體西用」思想而言，基本上具備了兩個特質：一個是「體」不變而用可變的態度；另一個則是依然要求「體用兼賅」。

西學與「恭順倫理」

了解整個「中體西用」理論架構之後，接著打算討論「中體」與「西用」的內容。藉此一方面使「中體西用」理論的內涵得以彰顯；另一方面則可配合前述「中體西用」理論的基底，進一步處理本文的中心論題——「中體西用」理論與自由民主。

在「中體西用」理論中，「中學」與「西學」雖然都是學，但卻存在著根本的歧異。由晚清著名的「中體西用」論者張之洞在〈勸學篇〉明白揭示的「中學爲內學，西學爲外學；中學治身心，西學應世事」，可以看出二者歧異的所在。根據日本學者高田眞治在《學的概念》（收於氏著《支那思想的研究》）一文中指出的，在儒教傳統籠罩下的「學」與修德之間，有十分密切的關係：「以學爲修德之事，以修德爲學之內容，則仁義道德、聖人君子卽爲學之實質內容。」如此的「中學」與帶來濃厚科學意味與爲學術而學術的「西學」，自有明顯的不同。

明、清定朱子學理念的主要創發者朱熹，清楚地指出所謂「學」的涵意：主要是學「父子有親，君臣有義，夫婦有別，長幼有序，朋友有信」（五教）而已。（〈白鹿洞揭示〉，《朱文公文集》，卷七四）明確地說明「學」的輕重緩急：「不窮天理，明人倫，講聖旨，通世故，乃兀然存心於一草一木器用之間，此何學問？」（《答陳齊仲》，《文集》，卷三九）朱熹對「學」的看法，明白地指向「天理」、「人倫」層面，此一取向正可以印證高田眞治的研究。

至於「天理」與「人倫」的具體落實，也就是「學」的具體內涵又是什麼呢？朱熹在〈讀大紀〉中明言：「宇宙之間，一理而已」，而理「張之爲三綱」，「紀之爲五常」（《文集》，卷七十）。同時，他也認爲：「自天之生此民，而莫不賦以仁義禮智之性，敍之以君臣、父子、兄弟、夫婦、朋友之倫，則天下之理固已無不具於一人之身矣。」（〈經筵講義〉，《文集》，卷十五）他不僅僅明白指出三綱、五倫、五常是所謂「天」、「人倫」的具體內容，更進一此步調它們的不可變性。朱熹在〈答廖子晦〉一文中，便強調：「卽日用而有天理，則於君臣、父子、夫婦、長幼之間；應對、酬酢、食息、視聽之頃，無一而非理者，亦無一之可紊，一有所繙，天理喪矣。」（《文集》，卷四五）

由前述的討論可以發現，對官定朱子學乃至朱子學而言，所謂「學」的主要具體內容，也就是「天理」、「人倫」的具體內容，正是指涉著以「三綱五倫」爲核心的「恭順倫理」。這個討論結果當然不只對官定朱子學或朱子學有效而已。在清朝，官定朱子學作爲官定意識形態與體制教學的主流，其所謂「學」的主要內容，事實上也是被視爲晚清官定意識形態的西化理論——「中體西用」中所謂「中學」的核心內容。此一事實，可從晚清著名的「中體西用」論著——無論是早期的馮桂芬，或是晚期的張之洞的著作裏面，清楚地發現。

在釐清「中學」的核心內容是「三綱五倫」之「恭順倫理」之後，接著擬由中國近代思想史的脈絡中，說明「西學」的具體內容。進行此一探討之前，筆者必須先指出：所謂的「西學爲用」，是指在「用」的層面，也止於在「用」的層面採納「西學」。同時，由於「中體」的核心是「三綱五倫」之「恭順倫理」，則政治、社會制度似乎游離於「體」與「用」之間。但是，「恭順倫理」既是「體」的核心，又視爲具有優位性，則與此一價値及倫理密切相關之「既存根本體制」（指清代之「前近代體制」而言）便必須納入「體」的範疇，否則失去了制度上規範的意義，所謂的「恭順倫理」便不過是一種學說而已，喪失它在現實中實質的支配地位。

魏源在鴉片戰爭的刺激下，寫成了《海國圖志》，提出著名的「師夷之長技以制夷」，但是他只注意到西方的長技，而沒有提到西學。縱然如此，在《海國圖志》發刊之初，他的見解仍然是超越時人甚多，幾乎爲當時一般的讀書人所忽略。直到十餘年後，才以太平天國之亂及亞羅號船事件的發生爲契機而受到重視。在洋務運動剛起步時，無論是主要推動者曾國藩、李鴻章，或是在西元一八六一年完成《校邠廬抗議》的馮桂芬，他們固然贊成魏源「師夷之長技以制夷」的主張，但是都已經認識到西方的長技背後有其理論（西學）存在，因此為了「師夷之長技」，便進一步主張「采西學」。他們最早主張採用的「西學」（包括西技），多是與船堅礮利有密切關係的自然科學，如算學、格致學……等等。而後，隨著認識到船堅礮利並非西方富強的唯一因素（甚至不是重要因素），商業、工業、法政制度也是導致西方富強的重要原因，部份「中體西用」論者所欲採用的「西用」範疇也日益擴大（當然也有人原地踏步，甚至後退），從算學、格致學等自然科學的學習，擴及於商學、法學等諸學科及政制層面。

所引進的「西學」，與「中體」核心「三綱五倫」之「恭順倫理」沒有衝突時，「中體西用」的理論格局自然不成問題。反過來說，若是「西學」與「恭順倫理」發生矛盾時，在邏輯上便面臨抉擇：突破「中體西用」理論的格局；或是對抗、反對此一「西學」的引進。

「中體西用」引入西方民主自由非邏輯之必然

綜合前面的討論，我們可以得到「中體西用」理論的雛型：在「中體」不變的前提下，可以因應時勢的需要而採納「西用」，而為了避免「中體」與「西用」的截然二分造成理論的困窘，再透過「西學源出中國說」或中國「古已有之說」等媒介物，儘量解消「中體」與「西用」異質性，使「中體西用」思想架構趨於緊密與圓熟。因此，若欲肯定「中體西用」觀念的「眞値」，便必須「西學」眞的「源出中國」，或「西學」眞的在中國古代曾經存有（至少要有「西用」的「理」存在），否則，「中體」與「西用」無可避免地呈現二分之局，理論的完整性也面臨崩解。當然，這樣的探討並非本文的重心，相對地，我們著重的是：對「中體西用」的理論而言，與自由民主開展的關聯。

首先從歷史的角度來看：西元一八九五年以前，縱使是僅止於「用」的層面，能夠主張採用「西學」的終究是極少數；甲午戰爭以後，雖然風氣大開，「中體西用」理論也不再是引進「西學」的最前衞主張，但與整個歷史時空環境相對照，直到清末，仍算是引進「西學」的主流。不過此一思想的落實，使得中國的讀書人有更多的機會接觸到「西學」，自由民主的理念與制度自然也不例外。就此而言，「中體西用」理論在歷史上，確實有助於自由、民主的引進。

其次，就理論本身來考量：所謂「中體」的核心是「三綱五倫」之「恭順倫理」。此一「倫理」在運作上，強調的是下（卑）對上（尊）的服從，而在上位者（政治上的執政者）則必須抱持著「父愛」式或「家長」式的用心，來對待在下位者。這樣的理念與近代自由、民主理念固然相去甚遠，而與政治上「議會主權」或「主權在民」的自由民權思想更是背道而馳。換句話說，以「恭順倫理」爲基礎，在理論上可以合乎邏輯地開展出「民本」理念，也可能發展出類似西方的「開明專制」。不過，「恭順倫理」與近代的自由民主在邏輯上則是不相容的，因爲從政治上來看，縱然是「恭順倫理」能開展出「民本」的理念，但是在上位者仍然是政治上的主體，也是主權的擁有者，不過是以父親般的慈愛來牧民而已；絕不能容忍在下者與在上者平起平坐，享有相同的權利，盡一樣的義務，也不可能接受議會是國家主權的所有者（如十九世紀初的自由主義），更不用提當今自由民主理念所主張人民是國家主權的所有者了。

既然「中體西用」理論是將「中體」置於根本且不變的前提上，而在因應時勢的需要下採納

「西用」，則在理念上，「中體西用」思想的「西用」內涵，便不應該也不可能有與「三綱五倫」之「恭順倫理」相抵觸，相對立的自由民主理念與制度。

當然，此種理論上邏輯的推演，是無法涵蓋中國近代史發展的脈動。因爲，部份「中體西用」論者在清末逐漸認識到「議院」是西方列強富強的重要因素，而主張在中國設立外表相類的諮詢機構。透過立憲派的運動，在清末這類的機構正式設立了。但是，相當「吊詭」地，這些機構實際上卻違背「恭順倫理」，悍然違抗上意，甚至在推翻清王朝的行動中揷上一脚，而有助於民國的成立。這樣的歷史發展，雖然是從「中體西用」理論到民主共和，但絕不是一種理論邏輯性的開展，而是相當「辯證」性的。更重要的是，當民主共和眞正實現時，「恭順倫理」也必然喪失其作爲社會、政治規範的地位，而僅僅淪爲過時的學說。伴隨著前述的發展，「中體」喪失了不變性，甚至不再具有實質意義，「中體西用」理論也喪失其指導的意味，理論本身也不得不面臨崩解的命運。

從前面三個不同角度的探討中，我們可以發現在過去的歷史脈絡中，作爲「前近代體制」西化理論的「中體西用」思想，確實在引介西方自由民主的過程中，發生了媒介的作用，也僅止於媒介的作用。而這個媒介作用，對「中體西用」理論而言，並不是邏輯的必然，而僅是特定歷史時空下的偶然而已。當歷史的脚步由十九世紀下半葉走到二十世紀八〇年代時，對自由民主的落實而言，「中體西用」理論已經完全喪失了媒介的作用，而純然與自由民主的落實相對立了。任何予「中體西用」理論加新妝，期望開展出「中體西用」意識形態下的特定「自由民主」，也與近代意味的自由、民主無法相容，反而成爲自由、民主落實的「攔路虎」。

薛化元

（原載《當代》32期，一九八八年十二月）

參考書目

一、史料

丁文江，『梁任公先生年譜長編初稿』，台北，世界書局，民國六十一年。
于寶軒輯，『皇朝蓄艾文編』，台北，學生書局，民國五十四年。
王夫之，『船山全集』，台中，力行書局，民國五十四年。
王先謙，『虛受堂文集』，近代中國史料叢刊第六九輯，台北，文海出版社。
王先謙，『虛受堂書札』，近代中國史料叢刊第六九輯，台北，文海出版社。
王先謙編訂，『養知書屋文集』，台北，藝文印書館，民國五十三年。
王樹枏編，『張文襄公全集』，台北，文海出版社，民國五十二年。
王守仁，『王文成公全書』，四庫叢刊正編本。
王延熙、王樹敏編，『皇清道咸同光奏議』，近代中國史料叢刊第三四輯，台北，文海出版社。
王彥威、王亮輯，『清季外文史料』，台北，文海出版社，民國五十二年。
王闓運，『湘綺樓日記』，台北，學生書局，民國五十三年。
王韜，『弢園尺牘』，台北，大通書局，影印本。

王韜，『弢園文錄外編』，上海，光緒二十三年仲夏刋本。
毛佩之，『變法自強奏議彙編』，近代中國史料叢刋續編第四八輯，台北，文海出版社。
『戊戌變法文獻彙編』，台北，鼎文書局，民國六十二年。
朱棣，『聖學心法』，明永樂七年內府刋本。
朱熹，『朱文公文集』，四部叢刋正編本。
玄燁，『康熙帝御製文集』，台北，學生書局，民國五十五年。
李鴻章，『李文忠公文集』，台北，文海出版社，民國五十一年。
李贄，『藏書』，台北，學生書局，民國六十三年。
李顒，『李二曲先生全集』，台北，華文書局，民國五十九年。
杞憂生（鄭觀應），『易言』，香港，中華印務總局光緒六年本，中研院近史所微卷。
作者不詳，『重刋宋本周易注疏附校刋記』，台北，藝文印書館，民國四十四年。
『明太宗實錄』，台北，中央研究院歷史語言研究所影印本。
『洋務運動文獻彙編』，台北，世界書局，民國五十二年。
胡居仁，『胡敬齋集』，上海，商務印書館，民國二十四年。
胡鈞，『張文襄公年譜』，台北，商務印書館，民國六十七年。
段玉裁，『說文解字注』，台北，漢京文化公司，民國六十九年。
容閎，『西學東漸記』，台北，廣文書局，民國五十年。

夏東原編，『鄭觀應集』上册，上海，人民出版社，一九八二年。
馬建忠，『適可齋紀言紀行』，近代中國史料叢刊第十六輯，台北，文海出版社。
馬鳴（？），『大乘起信論』，『大正新修大藏經』，册三十二，台北，新文豐出版社，民國七十二年。
翁同龢，『翁文恭公日記』，台北，國風出版社，民國五十三年。
張廷玉等編纂，『明史』，台北，鼎文書局，民國六十四年。
梁啓超，『戊戌政變記』，台北，中華書局，民國五十八年。
梁啓超，『清代學術概論』，台北，中華書局，民國六十七年。
陳忠倚輯，『皇朝經世文三編』，台北，國風出版社，民國五十四年。
陳熾，『庸書』，光緒二十四年，順記書莊印本。
陳實琛等纂修，『大清德宗景皇帝實錄』，台北，華文書局，民國五十二年影印本。
郭廷以等編，『郭嵩燾先生年譜』，台北，中央研究院近代史研究所，民國六十年。
郭嵩燾，『玉池老人自敍』，近代中國史料叢刊第十一輯，台北，文海出版社。
馮桂芬，『校邠廬抗議』，光緒丁酉年聚豐坊校刻本。
馮桂芬，『顯志堂集』，台北，學海出版社，民國五十六年。
程頤，『易傳』（易程傳），台北，世界書局，民國五十一年。
黃宗羲，『宋元學案』，台北，世界書局，民國五十年。

黃宗羲，『明儒學案』，台北，河洛出版社，民國六十三年。
黃濬，『花隨人聖盦摭憶』，台北，九思出版社，民國六十七年。
曾國藩，『曾文正公全集』，台北，世界書局，民國五十四年。
湯震，『危言』，光緒十六年鋟木，二十一年石印本。
賈楨等修，『籌辦夷務始末（咸豐朝）』，台北，國風出版社，民國六十三年。
趙爾巽等編纂，『清史稿』，台北，洪氏出版社，民國七十年。
鄭觀應，『盛世危言正續編』，上海，六先書局刋本。
鄭觀應，『盛世危言增訂新編』，台北，學生書局，民國五十四年。
黎靖德編，『朱子語類』，台北，漢京文化公司，民國六十九年。
慧能，『六祖壇經』，台北，慧炬出版社，民國七十年。
慧遠，『大乘義章』，『大正新修大藏經』，册四十四。
薛福成，『薛福成全集』，台北，廣文書局，民國五十二年。
薛瑄，『讀書錄』，清正誼堂刋本。
戴震，『戴氏三種』，上海，樸學社，民國十三年。
魏源，『海國圖志』，台北，成文出版社，民國五十六年。
蘇輿編，『翼教叢編』，台北，台聯國風出版社，民國五十九年。
嚴復，『嚴幾道詩文鈔』，近代中國史料叢刋第四二輯，台北，文海出版社。

顧炎武，『亭林文集』，四部叢刊正編本。
龔自珍，『龔自珍全集』，台北，河洛出版社，民國六十四年。

二、中日文論著

山井湧，『明清思想史の研究』，東京大學出版會，一九八〇年。
小林武，「『勸學篇』と『翼教叢編』——清末の保守主義について——」，『中國哲學史的展望と摸索』，東京，創文社，一九七六年。
小野川秀美著，林明德等譯，『晚清政治思想研究』，台北，時報文化公司，民國七十一年。
丸山眞男著，徐白等譯，『日本政治思想史研究』，台北，商務印書館，民國六十九年。
王家儉，「文祥對於時局的認識及其自強思想」，師大『歷史學報』，台北，民國六十二年。
王爾敏，『晚清政治思想史論』，台北，華世出版社，民國六十五年。
王爾敏，『中國近代思想史論』，台北，華世出版社，民國六十六年。
中村義，「洋務運動と改良主義」，『岩波講座世界歷史』㈢，東京，岩波書店，一九六九年。
仁井田陞，『中國の法思想史』，東京，日本評論社，昭和二十六年。
中央研究院近代史研究所編，『近世中國經世思想研討會論文集』，台北，編者出版，民國七十三年。
市古宙三，『近代中國の政治と社會』，東京大學出版會，一九七七年。

石錦，「清末自強觀的內容分野及其演變」，『思與言』，六卷四期，台北，民國五十七年。
皮明庥，「『中體西用』論平議」，『江漢論壇』，一九八二年十二期。
守本順一郎，『東洋政治思想史研究』，東京，未來社，一九六九年。
全漢昇，『中國經濟史論叢』，香港，中文大學，一九七二年。
牟安世，『洋務運動』，上海，人民出版社，一九五六年。
宇野精一主編，『講座東洋思想(八)，東洋と西洋』，東京大學出版會，一九六七年。
宇野精一主編，洪順隆譯，『中國思想之研究(一)儒家思想』，台北，幼獅文化公司，民國六十六年。
西順藏編，『原典中國近代思想史(二)——洋務運動と變法運動』，東京，岩波書店，一九七七年。
李永熾，『歷史的跫音』，台北，遠景出版社，民國七十三年。
李守孔，『李鴻章傳』，台北，學生書局，民國七十四年。
李定一，『中美早期外交史』，台北，傳記文學出版社，民國六十七年。
李國祁，『張之洞的外交政策』，中央研究院近代史研究所，民國五十九年。
李澤厚，『中國近代思想史論』，北京，人民出版社，一九八二年。
呂實強，「馮桂芬的政治思想」，『中華文化復興月刊』，四卷二期，台北，民國六十年。
何幹之，『近代中國啓蒙運動史』，上海，生活書店，民國三十六年。
汪榮祖，『晚清變法思想論叢』，台北，聯經公司，民國七十二年。

近藤邦康，『中國近代思想史研究』，東京，勁草書房，一九八一年。
沈松僑，『學衡派與五四時期的反新文化運動』，台北，台大歷史研究所碩士論文，民國七十二年。
沈清松，『為現代文化把脈』，台北，光啓出版社，民國七十四年。
吳章銓，「洋務運動中的商務思想」，『思與言』，七卷三期，台北，民國五十八年。
吳萬頌，「薛福成對洋務的認識」，『大陸雜誌』，四十七卷三期，民國六十三年。
林能士，『清季湖南的新政運動』，台北，台大文學院，民國六十一年。
武內義雄，佚名譯，『中國哲學思想史』，新竹，仰哲出版社，民國七十一年。
周陽山等編，『近代中國思想人物論——晚清思想』，台北，時報文化公司，民國六十九年。
侯外廬，『近代中國思想學說史』，上海，生活書店，民國三十六年。
胡濱，『中國近代改良主義』，北京，中華書局，一九六四年。
夏東原，「鄭觀應思想發展記」，『社會科學戰線』，一九七九年十二期。
高田淳，『中國の近代と儒教』，東京，紀伊國屋書店，一九七〇年。
高田眞治，『支那思想の研究』，東京，春秋社，昭和十四年。
韋政通主編，『中國哲學辭典大全』，台北，水牛出版社，民國七十二年。
韋政通編著，『中國哲學辭典』，台北，大林出版社，民國六十六年。
徐復觀，『中國思想史論集』，台北，學生書局，民國六十四年。

原田正己，「清末思想家の『西學』受容の一面」，『フィロソフィア』，四十一期，一九六九年。
島田虔次，「體用の歷史に寄せる」，『塚本博士頌壽記念佛教史學論集』，昭和三十六年。
島田虔次，『中國における近代思惟の挫折』，東京，筑摩書房，一九七〇年。
殷海光，『中國文化的展望』，台北，活泉書店，民國六十八年。
孫春在，『清末的公羊思想』，台北，台大歷史研究所碩士論文，民國七十二年。
孫會文，「晚清前期變法論者對西方議會制度的態度和君主立憲主張的形成」，『國立編輯館館刋』，三卷二期，台北，民國六十三年。
孫廣德，『晚清傳統與西化的論爭』，台北，商務印書館，民國七十一年。
許介鱗，「日本と中國における初期立憲思想の比較研究」，『國家學會雜誌』，八三卷五期～八四卷二期，東京，一九七〇～一年。
許介鱗，『日本政治論』，台北，聯經公司，民國六十六年。
野村浩一，『近代中國の政治と思想』，東京，筑摩書房，一九六四年。
郭廷以，『近代中國史綱』，香港，中文大學出版社，一九七九年。
張朋園，『立憲派與辛亥革命』，台北，學術著作獎助委員會，民國五十八年。
孫東蓀，『知識與文化』，台北，仲信出版社，民國七十三年。
張灝，「晚清思想發展試論」，『中央研究院近代史研究所集刋』，第七期，台北，民國六十七年。
陳旭麓，「論『中體西用』」，『歷史研究』，一九八二年五期。
陳序經，『東西文化觀』，台北，牧童出版社，民國六十六年。
陳孟忠，『馮桂芬維新思想之研究』，台北，台大政治研究所碩士論文，民國六十六年。
陳鍫，「戊戌變法時反變法人物之政治思想」，『燕京學報』，二十五期，北平，民國二十八年。
陸寶千，『清代思想史』，台北，廣文書局，民國六十七年。
湯用彤，『魏晉南北朝佛教史』，台北，商務印書館，民國六十八年。
湯志鈞，『戊戌變法論叢』，武漢，湖北人民出版社，一九五七年。
湯志鈞，『戊戌變法人物傳稿』，近代中國史料叢刊續編第三二輯，台北，文海出版社。
閔斗基，「中體西用論考」，『東方學志』，十八期，韓國，一九七八年。
黃瑞祺編著，『意識型態的探索者——曼海姆』，台北，允晨文化公司，民國七十一年。
黃彰健，『戊戌變法史研究』，台北，中央研究院歷史語言研究所，民國五十九年。
勞思光，『中國哲學史』，第三卷，香港，友聯出版社，一九八〇年。
植手通有，『日本近代思想の形成』，東京，岩波書店，昭和四十九年。
傅樂成，『漢唐史論集』，台北，聯經公司，民國六十六年。
鄔國義，「孫家鼐最早提出『中學爲體，西學爲用』」，『社會科學戰線』，一九八二年二期。
楊肅獻，『晚清的反變法思想（一八九一～一九〇〇）』，台北，台大歷史研究所碩士論文，民國六十八年。

溝口雄三，「近代中國像に歪んでいないか」，『歴史と社會』，三期，東京，一九八三年。

劉吉原，『張之洞中體西用思想之研究』，台北，台大政治研究所碩士論文，民國七十年。

劉述先，『朱子哲學思想的發展與完成』，台北，學生書局，民國七十一年。

劉廣京，「鄭觀應『易言』（上）」，『清華學報』，八卷一、二期合刊本，民國五十九年。

霍韜晦，『霍韜晦選集』，藍吉富主編，『現代佛教大系』，台北，彌勒出版社，民國七十三年。

錢穆，『中國近三百年學術史』，台北，商務印書館，民國六十一年。

錢穆，『朱子新學案』，台北，三民書局，民國六十年。

蕭公權，『中國政治思想史』，台北，華岡公司，民國六十六年。

蕭公權著，楊肅獻譯，『翁同龢與戊戌維新』，台北，聯經公司，民國七十二年。

蘇雲峰，『張之洞與湖北教育改革』，台北，中央研究院近代史研究所，民國六十五年。

三、西方著作

Ayers, W. Chang Chih-tung and Educational Reform in China. Cambridge, Mass.: Harvard University Press, 1971.

Bastid-Bruguiere, M. "Current of Social Change." in J. K. Fairbank & K.

C. Liu, ed., The Cambridge History of China. Vol.11. Cambridge: Cambridge University Press, 1980.

Bays, D. H. China Enters the Twentieth Century. Ann Arbor: The University of Michigan Press, 1978.

Chan, W. K. K. "Government, Merchant's and Industry to 1911." The Cambridge History of China, Vol.11. Cambridge: Cambridge University Press, 1980.

Chang, Hao. "On the Ch'ing-Shih Ideal in Neo-Confucianism", Ch'ing Shih Wen-ti, 3:1, 1974.

Cohen, P. A. China and Christianity. Cambridge, Mass.: Harvard University press, 1963.

———— Discovering History in China: American Historical writing on the Recent Chinese past. New York: Columbia University Press, 1984.

Eastman, L. E. "Political Reformism in China Before Sino-Japanese War." Journal of Asian Studies, 27:4, Aug., 1968.

Elman, B. A. From philosophy to philology. Cambridge, Mass.: Harvard University Press, 1984.

Etō Shinkichi. " On Roles of Yang-Wu-Pai. ", Acta Asiastica, No.12, Tokyo, 1974.

Feuerwerker, A. China's Early Industrialization: Sheng Hsuan-Huai and Mandarin Enterprise. Cambridge: Cambridge University Press, 1958.

Gedalecia, D. " Excursion into Substance and Function. ", Philosophy East and West, Oct., 1974.

Hao, Y. P. The Comprador in Nineteenth Century China. 台北，新月圖書公司翻印本。

———— " Cheng Kung-Ying. " Journal of Asian Studies, 29:5, Nov., 1969.

———— & Wang, E. M. " Changing Chinese View of Western Relation 1840-95. " The Cambridge History of China, Vol.11. Cambridge: Cambridge University Press, 1980.

Hou, Chi-ming. Foreign Investment and Economic Development in China. Cambridge, Mass.: Harvard University Press, 1965.

Howard, R. C. " The Chinese Reform Movement of 1890's: A Symposium. " Journal of Asian Studies, 29:5, Nov., 1969.

Hsü, I. C. Y. The Rise of Modern China. London: Oxford University Press,

1970.

Levenson, J. R. Confucian China and Its Modern Fate. Berkeley and Los Angeles: University of California Press, 1958-65.

Li Ting-I "The First Culture & Social Reform Movement in Modern China."『壽羅香林教授論文集』, Hong Kong, 1970.

Mannheim, K. Ideology & Utopia. trans by L. wirth & E. Shile. New York: Harcourt, Brace and Co. 1936.

Weber, M. Economy and Society. trans by G. Roth and C. Wittich. Berkeley: University of California Press, 1978.

Wright, M. C. The Last Stand of Chinese Conservatism: The T'ung-Chih Restoration 1862-1874. Stanford: Stanford University Press, 1957.

國家圖書出版品預行編目資料

晚清「中體西用」思想論（1861-1900）—官定意識型態的西化理論 / 薛化元 -- 二版 -- 臺北縣板橋市：稻鄉，民 90

面： 公分

ISBN：（平裝）

1. 哲學 – 中國 – 晚清（1840-1911）

848.6　　89009437

晚清「中體西用」思想論（1861-1900）

—官定意識型態的西化理論

作　　者：薛化元
發 行 人：吳秀美
出　　版：稻鄉出版社
台北縣板橋市漢生東路 53 巷 28 號
電話：(02) 22566844、22514894
傳真：(02) 22564690
郵撥帳號：1204048-1
登記號：局版台業字第四一四九號

印　　刷：吉豐印刷有限公司
定　　價：新台幣 250 元
初　　版：中華民國 90 年 1 月
I S B N：957-9628-75-0

【台灣文化系列】

書號	書名	作(譯)者	定價
A001	台灣政治運動史	連溫卿著	250
A002	台灣社會運動史—文化運動	王詩琅譯註	450
A003	台灣社會運動史—勞工運動・右派運動	翁佳音譯	270
A004	日據時代台灣人反抗史	楊碧川著	320
A005	台灣近代史研究	吳密察著	270
A006	宗教與自決——台灣本土宣教初探	黃伯和著	200
A007	奔向出頭天的子民	黃伯和著	200
A008	荷蘭時代台灣史研究(上卷)	中村孝志著	350
A009	荷蘭時代台灣史研究(下卷)		（出版中）
A010	光復初期台灣經濟政策的檢討	劉士永著	330
A011	日據時代台灣山地水田的展開	陳秀淳著	120
A012	日本據台末期(1930—1945)戰爭動員體係之研究	林繼文著	280
A013	台灣民眾黨	簡炯仁著	（再版中）
A014	台灣民報社論	吳密察・吳瑞雲編譯	750
A015	台灣先民的遺跡	薛化元・劉燕儷編譯	180
A016	從草地到街市—十八世紀新庄街的研究	陳宗仁著	230
A017	日治時期台灣政治運動之研究	陳俐甫著	230
A018	《自由中國》與民主憲政——1950年代台灣思想史的一個考察	薛化元著	500
A019	清代班兵與移民—澎湖的個案研究	余光弘著	290
A020	打造往生天堂—台灣墓地管理的公共選擇	楊國柱著	260
A021	「外來政權」與本土社會—改造後國民黨社會基礎的形成	龔宜君著	300
A022	歌謠與生活：日治時期臺灣的歌謠采集及其時代意義	楊麗祝著	310

【台灣烈烈叢書】

書號	書名	作(譯)者	定價
B001	生死存亡年代的台灣	鄭欽仁著	250
B002	人類學與台灣	林美容著	250
B003	台灣文化斷層	黃美英著	370

B004	台灣的政教衝突	林本炫著	140
B005	自立的臺灣	張國興著	330
B006	在人間造政治淨土	陳儀深著	300
B007	浮名與務實	李魁賢著	180
B008	追尋自我定位的台灣	鄭欽仁著	220
B009	台灣文化秋千	李魁賢著	200
B010	台獨的社會真實與新聞真實	黃　徙著	180
B011	壓不住的號角—海外民主鬥士謝善元政論集	謝善元著	350
B012	經理大台灣	劉炳華著	150
B013	教師培育與權利	劉炳華著（再版中）	
B014	台灣國民主義的屈折與展開	鄭欽仁著	290
B015	女性里長與名山里的故事	邱美利等著	180

【二二八研究叢書】

書號	書名	作(譯)者	定價
C001	二二八事件回憶集	張炎憲・李筱峰編	200
C002	二二八事件資料集	鄧孔昭編	350
C003	禁忌・原罪・悲劇—新生代看二二八事件	陳俐甫編著	240
C004	台灣・中國・二二八	林偉盛・夏榮和・陳俐甫譯	240
C005	為台灣說話	江慕雲著	200

【民間知識叢書】

書號	書名	作(譯)者	定價
D001	扮仙與作戲—台灣民間戲曲人類學研究論集	王嵩山著	350
D002	野台鑼鼓	陳健銘著	250
D003	疾病與文化	張　珣著	250
D004	傀儡・除煞與象徵	宋錦秀著	370
D005	台灣民宅門楣八卦牌守護功用的研究	董芳苑著	250
D006	集體知識信仰與工藝	王嵩山著	280
D007	傳統信仰與現代社會	呂理政著	290
D008	民族與民俗	王秋桂主編	230

D009	神話·信仰與儀式	王秋桂等編	280
D010	表演·藝術與工藝	王秋桂等編	210
D011	麻油雞之外—婦女作月子的種種情事	翁玲玲著	140

【稻鄉原住民叢書】

書號	書名	作(譯)者	定價
E001	阿里山鄒族的歷史與政治	王嵩山著	230
E002	魯凱族的文化與藝術	許功明著	250
E003	排灣族的琉璃珠	許美智著	200
E004	排灣族古樓村的祭儀與文化	許功明·柯惠譯著	290
E005	阿里山鄒族的社會與宗教生活	王嵩山著	210
E006	雅美族之住居文化及變遷	黃　旭著	250
E007	台灣史前文化三論	何傳坤著	180
E008	台灣中部平埔族-沙轆社與岸裡大社之研究	洪麗完著	500
E0G-1	番刀出鞘	瓦歷斯·尤幹著	260
E0G-2	出大武山記—山中俊傑陳天成的故事	陳孝義著	230
E0G-3	芋頭的禮讚	董瑪女編	160
E0G-4	墾丁史前住民與文化	李光周著·尹建中編	230
E0G-5	中央山脈的守護者—布農族	霍斯陸曼·伐伐著	270
E0G-6	殖民接觸與帝國邊陲—花蓮地區原住民十七至十九世紀的歷史變遷	康培德著	300

【人類學叢書】

書號	書名	作(譯)者	定價
F001	考古學專題六講	張光直著	130
F002	美術·神話與祭祀	張光直著	160
F003	賽馬人類學	長島信弘著·劉靜慧譯	120
F004	漢語親屬稱謂的結構分析	林美容著	290
F005	露絲·潘乃德——文化模式的詩神	瑪格麗特·米德編·張珣 譯	190

【博物館叢書】

書號	書名	作(譯)者	定價
G001	過去的未來—博物館中的人類學空間	王嵩山著	220

G002 [illegible] 250
G003 [illegible] 230
G004 [illegible]
[illegible] 250
G005 [illegible] 200

【[illegible]】

[illegible]
H001 [illegible] 110
H002 [illegible] 280
H003 [illegible] 350
H004 [illegible] 250
H005 [illegible]
[illegible] 180
H006 [illegible] 250
H007 [illegible] 300
H008 [illegible]
[illegible] 300
H009 [illegible] 380

【[illegible]】

[illegible]
I001 [illegible]
I002 [illegible] 160
I003-1 [illegible] 250
I003-2 [illegible] 180
I004 [illegible] 110
I005 [illegible] 250
I006 [illegible] (Revolutionaries)
E. J. Hobsbawn [illegible]
I007 [illegible] 85
I008 [illegible] 100